Jürgen Dahl

Wildpflanzen im Garten

Aussaat und Pflanzung, Pflege und Vermehrung
Sonderteil: Wildpflanzen-Gemeinschaften im Garten

Mit 40 Farbfotos bekannter Naturfotografen
und 34 Zeichnungen von György Jankovics

GU
Gräfe und Unzer

Die Farbfotos auf dem Buchumschlag zeigen:

Umschlag-Vorderseite: Blühender Diptam (*Dictamnus albus*), darunter Samenstände der Küchenschelle (*Pulsatilla vulgaris*).
Umschlagseite 2: Der »wilde« Garten ist ein Traum, dessen Verwirklichung viel Platz erfordert. Aber zwischen dem Wildgarten, den man haben möchte, und dem Ziergarten, den man nicht haben möchte, gibt es zahllose Übergänge, je nach den Wünschen und Möglichkeiten des Gärtners.
Umschlagseite 3: Feldrain mit Wiesen-Kerbel (*Anthriscus sylvestris*). Das stimmungsvolle Bild täuscht – die Massenentwicklung zeigt Überdüngung an. Gegenüber der denaturierten Natur stellt der Wildpflanzen-Garten ein Refugium dar, nicht mehr, aber auch nicht weniger: Er rettet nicht die Natur, aber er rettet *uns* ein Stück Natur.
Umschlag-Rückseite: Oben links Blut-Weiderich (*Lythrum salicaria*); oben rechts Mauerpfeffer (*Sedum acre*), wildes Schnittlauch (*Allium schoenoprasum*); unten links Echte Schlüsselblume (*Primula veris*); unten rechts Bärlauch (*Allium ursinum*).

Die Fotografen:

Bellmann: Seite 10 o. M., Seite 56 o. l.; Daudt: Seite 9; Diedrich: Seite 55 unten, U 4 o. r., u. r.; Gröger: Seite 56 u. M.; Harms: Seite 37 u. l.; Helo: Seite 37 u. r., Seite 56 o. M., U 4 o. l., u. l.; Hofmann: Seite 10 o. l.; Irsch: Seite 28 unten, Seite 55 oben; Jacobs: Seite 27 Mitte l., Seite 56 Mitte l.; Klemp: U 2; König: Seite 27 o. l.; Krebs: Seite 10 u. r., Seite 28 oben; Leendertz: U 1, Seite 10 Mitte M.; Pforr: Seite 10 Mitte l., Seite 38 u. r.; Pott: Seite 10 Mitte r., Seite 37 oben, Seite 56 o. r.; Reinhard: Seite 27 o. r., u. r., Seite 56 Mitte M., U 3; Scharbert: Seite 10 o. r., u. M.; Scherz: Seite 27 Mitte M., Mitte r., Seite 38 u. l.; Schmelzenbach: Seite 56 u. r.; Stöckmann: Seite 27 u. M.; Wolfstetter: Seite 10 u. l., Seite 56 Mitte r.; Wothe: Seite 27 u. l., Seite 38 oben; Zettl: Seite 56 u. l.

CIP-Kurztitelaufnahme der Deutschen Bibliothek
Dahl, Jürgen
Wildpflanzen im Garten: Aussaat u. Pflanzung, Pflege u. Vermehrung; Sonderteil: Wildpflanzen-Gemeinschaften im Garten / Jürgen Dahl. Mit Farbfotos bekannter Naturfotogr. u. Zeichn. von György Jankovics. – München: Gräfe und Unzer, 1985.
ISBN 3-7742-1640-1

1. Auflage 1985
© Gräfe und Unzer GmbH, München

Redaktionsleitung: Hans Scherz
Lektorat: Doris Schimmelpfennig-Funke
Umschlaggestaltung: Heinz Kraxenberger

Satz und Druck des Textteiles: Buch- und Offsetdruckerei Wagner GmbH
Reproduktion und Druck von Farbbildern und Umschlag: Graphische Anstalt E. Wartelsteiner
Bindung: R. Oldenbourg

ISBN 3-7742-1640-1

Jürgen Dahl

Jahrgang 1929, Ausbildung in Buchhandel und Verlag, von 1955 bis 1964 selbständiger Buchhändler und Verleger. Seitdem freier Schriftsteller. Ständiger Mitarbeiter des Westdeutschen Rundfunks und der Zeitschrift »natur« (mit der regelmäßig erscheinenden Kolumne *Nachrichten aus dem Garten*).
Einige seiner Bücher:
Auf Gedeih und Verderb. Kommt Zeit, kommt Unrat (Zur Metaphysik der Atomenergie-Erzeugung); Der unbegreifliche Garten und seine Verwüstung (Über Ökologie und über Ökologie hinaus); Aufschlüsse. Kalkgestein, Feuerstein, Schiefer (Drei Versuche zur Geologie).

Wichtiger Hinweis

Die in den Pflanzenlisten erwähnten giftigen Arten sind durch ein Symbol gekennzeichnet:
✚ = giftige Pflanze
Die Kennzeichnung der Giftpflanzen bedeutet jedoch nicht, daß alle *nicht* gekennzeichneten Pflanzen genießbar wären. Viele von ihnen sind schwach giftig oder zumindest unbekömmlich. Auch sollte man an Verwechslungsgefahren denken – etwa bei den weißblühenden Doldenblütlern, zu denen auch giftige Arten gehören. Ausführliche Information in *Pahlows Giftpflanzen-Kompaß*, erschienen im Gräfe und Unzer Verlag, München.

Inhalt

Der Weg zum Wildblumen-Garten

Ein Vorwort als Ermunterung

Wildpflanzen im Garten – das heißt nicht, daß
man den Garten sich selbst überläßt und (vergebens) auf Dornröschen-Romantik und wilde
Pracht hofft; es heißt aber auch nicht, daß
man zunächst den ganzen Garten nach irgendwelchen Vorschriften umzumodeln und neu
anzulegen hätte.

Wildpflanzen im Garten – das ist ein Abenteuer voller Entdeckungen und Überraschungen, eine Unternehmung, bei der man »ganz
klein« anfangen kann: mit einzelnen Blumen,
mit kleinen Pflanzengruppen, mit einer Moderecke oder einem Bottich mit Wasserpflanzen. Wer einmal angefangen hat, wird gewahr, daß die Wildpflanzen oft genau so
schön oder auf irgendeine Weise fesselnder
und eigenartiger sind als die üblichen Gartenstauden; ihre Eigenschaften zu entdecken, die
verwandten Arten unterscheiden zu lernen,
selten gewordene Gewächse unserer heimischen Flora aus dem Samen zu ziehen, zu lernen, wie diese Pflanzen sich auf ihren angestammten Standorten behaupten, ihren Lebensweg durchs Jahr zu verfolgen – das ist das
Abenteuer, Wildpflanzen im eigenen Garten
zu hegen.

Die Natur, die »draußen« vergewaltigt und
verwüstet wird, findet auf solche Weise ein
Refugium. Es wird gewiß nicht ausreichen,
um auf die Dauer die Natur zu retten – aber
es rettet *uns* ein Stück Natur und schärft damit unser Bewußtsein für den Frevel, der anderwärts begangen wird – und das ist schon
viel und kann noch mehr bewirken.

Dieses Buch will eine erste Hilfestellung sein
für den Anfänger in der Wildpflanzen-Hege,
dem Fortgeschritteneren soll es Anregungen
geben für den Umgang mit Wildpflanzen. Da
es an die 3000 Wildpflanzen gibt, kann es hier
nicht darum gehen, dem herkömmlichen »Sortiment« von Gartenstauden nun ein neues
Sortiment besonders attraktiver Wildpflanzen
gegenüberzustellen. Das wäre mit Sicherheit
der falsche Weg. In diesem Buch werden vielmehr die allgemeinen Grundsätze und Verfahrensweisen der gärtnerischen Kultur von Wildpflanzen so dargeboten, daß der Leser lernt,
mit jeder beliebigen Pflanze umzugehen, und
daß er in den Stand gesetzt wird, mit Phantasie und Einfühlungsvermögen selbständig weiter zu experimentieren.

Im Anschluß daran werden die natürlichen
Pflanzengemeinschaften und die Grundregeln
für ihre Ansiedlung im Garten behandelt. Die
Pflanzenlisten sollen nur einen ersten Eindruck von der Vielfalt und Schönheit der einzelnen Gruppen vermitteln, so wie auch die
Pflanzenporträts und die farbigen Abbildungen nur Beispiele sind: Sie sollen etwas von
der Fülle der Gestalten und Farben andeuten,
die sich dem Wildpflanzen-Gärtner erschließen. Die Absicht dieses Ratgebers ist, den
Leser anzuleiten, nicht aber, ihn zu gängeln.
Deshalb wurde auch bewußt darauf verzichtet, Pflanzschemata zu bringen, die als Vorschriften mißverstanden werden können.

Mein Dank gilt den kundigen Gärtnerfreunden Günter Diamant und Berthold Leendertz,
die seit vielen Jahren immer Zeit für meine
Fragen hatten und immer eine Antwort
wußten. Ich möchte aber auch die Fotografen
in meinen Dank einschließen, denn jedes
ihrer Bilder ist das Ergebnis stundenlanger geduldiger Arbeit. Dank sei schließlich György
Jankovics für seine einfühlsame Arbeit an den
trefflichen Zeichnungen.

Jürgen Dahl

Was Wildpflanzengärtner wissen sollten

Was ist eine Wildpflanze?

Es ist nicht blanke Theorie, sondern hat praktische Konsequenzen, wenn wir uns zunächst darüber klar werden, was der Begriff »Wildpflanze« bedeutet.

Die Antwort scheint sehr einfach: Wildpflanzen sind in der freien Natur wildwachsende einheimische Pflanzen – im Gegensatz zu den »Exoten«, die im Naturgarten nicht vorkommen sollen. Dabei gibt es aber zweierlei zu bedenken:

Auch die heute oft gescholtenen »exotischen« Gartenpflanzen sind keine Kunstprodukte, sondern sind in ihrer jeweiligen Heimat »einheimische Wildpflanzen« – soweit es sich nicht um züchterisch veränderte Arten handelt.

Und zweitens: Viele solcher Exoten sind im Laufe der Jahrhunderte bei uns heimisch geworden; unsere Flora wäre ärmer, wenn nicht auf dem Weg über die Gärten – und auf anderen Wegen – immer wieder Gäste aus fremden Ländern eingebürgert worden wären: Die Nachtkerze stammt aus Nordamerika, das Franzosenkraut aus den peruanischen Anden und das Gänseblümchen aus dem Mittelmeergebiet. Manche Wildpflanzen von heute sind die Exoten von gestern – und so sind auch manche Exoten von heute die Wildpflanzen von morgen.

Wichtiger ist aber noch eine andere Frage: Viele unserer einheimischen Wildpflanzen werden seit mehr oder weniger langer Zeit gärtnerisch kultiviert und gehören zum »Inventar« unserer Gärten. Nur drei Beispiele: Schneeglöckchen, Christrose, Türkenbund-Lilie. Wollte man den Begriff der Wildpflanze ganz genau nehmen, dann dürfte man solche Gärtner-Pflanzen nicht zu den Wildpflanzen zählen, sondern dürfte als Wildpflanze nur eine Pflanze gelten lassen, die von einem Standort in der freien Natur stammt; schon nach ein oder zwei Jahren Gartenkultur kann sie Zeichen der »Domestikation« aufweisen oder gar Rassen oder Bastarde gebildet haben.

So streng wollen wir den Begriff der Wildpflanze aber hier nicht fassen, denn das würde bedeuten, daß wir zum Beispiel eine Türkenbund-Lilie vom Naturstandort wegnehmen müßten, um sicher zu sein, daß es sich um eine »echte« Wildpflanze handelt. Es versteht sich von selbst, daß dieses Verfahren unverantwortlich wäre.

Deshalb wollen wir unter Wildpflanzen diejenigen Pflanzen verstehen, die in der freien Natur vorkommen, ganz gleich, ob es sie auch in den Gärtnereien zu kaufen gibt oder nicht. In erster Linie geht es uns zwar um die Arten, die bisher keinen Eingang in die Gärten gefunden haben (weil sie »keinen Gartenwert« haben, wie der Fachausdruck der Staudengärtner lautet), aber in manchen Fällen, etwa bei der naturnahen Pflanzung bestimmter Biotop-Typen, dürfen auch die gärtnerisch verwendeten Arten nicht fehlen; sie gelten uns auch dann als »Wildpflanzen«, wenn wir sie – selbstverständlich – nicht draußen geholt, sondern beim Gärtner gekauft haben.

Viele dieser Pflanzen sind fast oder ganz ausgerottet oder in unterschiedlichem Maße gefährdet. Wer sich mit Wildpflanzen befaßt, sollte sich in jedem einzelnen Fall über den Gefährdungsgrad informieren (→ Seite 72: Literaturhinweis »Rote Liste«).

Warum Wildpflanzen im Garten?

Am Anfang aller Wildpflanzen-Gärtnerei steht meist eine Pflanze, die man von einem Spaziergang oder von einer Urlaubsreise mitbringt, weil man sie schön findet und im Garten ansiedeln möchte; wenn man ihre Ansprüche nicht kennt, mißlingt das oft. Aber wenn man Erfolg hat, dann kann es sein, daß das

5

Was Wildpflanzengärtner wissen sollten

botanische und gärtnerische Interesse erwacht und daß der Wunsch, einen dekorativen Garten zu haben, immer mehr zurücktritt hinter dem anderen Wunsche, aus der Fülle einheimischer Pflanzen wenigstens einige um sich zu haben, ihre Entwicklung im Jahreslauf zu verfolgen, ihre botanischen Besonderheiten zu beobachten oder, zum Beispiel, den Spitz-Wegerich für den Hustentee im eigenen Garten ernten zu können.

Das Hauptmotiv für die verstärkten Bemühungen um die Ansiedlung von Wildpflanzen im Garten ist freilich ein anderes: Je mehr unsere Umwelt de-naturiert wird, je mehr Pflanzen und Tiere daraus verschwinden, je eintöniger und künstlicher die Gärten und Anlagen werden, um so dringlicher erscheint es vielen, jenseits solcher Künstlichkeit wenigstens im eigenen Garten einen Rest von Natur zu hegen und damit vielleicht sogar ein wenig zu ihrem Überleben beizutragen. Heimische Pflanzen im Garten sollen ein Refugium beleben, in dem sich dann möglicherweise auch Schmetterlinge, Libellen, Igel und Kröten wieder einfinden. Eine Regeneration im kleinsten Rahmen soll sich ereignen. Freilich dürfen wir uns da keinen Illusionen hingeben: Wenn die Verwüstung draußen nicht aufhört, dann sind solche Gärten bestenfalls Inseln, auf denen die eine oder andere Art noch eine Zeitlang überlebt wie in einem Museum. Eine wirkliche Rettung für unsere Natur (und damit für uns selbst) kann es nur geben, wenn die Flutwelle der Gifte gestoppt wird und wenn weiträumige Biotope erhalten werden, in denen eine große Zahl von Lebewesen in vielfältigen Zusammenhängen miteinander verbunden ist. Auch in unsere Gärten können die Schmetterlinge und Libellen und Kröten nur kommen, wenn es sie irgendwo noch gibt; wenn sie draußen von Jahr zu Jahr mehr bedrängt und dezimiert werden, dann nützen ihnen auch unsere Gärten nichts.

Das heißt nicht, daß es sinnlos oder falsch wäre, die Schmuckstauden im Garten durch Wildpflanzen zu ersetzen; es heißt nur, daß man die Ziele nicht zu hoch stecken und folglich auch die Vorschriften für solches Gärtnern nicht zu streng fassen sollte, und daß man eines nie vergessen darf, wenn man nicht in eine krampfhafte »Natürlichkeit« verfallen will:

Der Garten war von jeher ein Bereich, der aus der Natur ausgegrenzt wurde und in dem nur bestimmte Gewächse unter der ordnenden und hegenden Hand des Menschen gedeihen sollten, zum Nutzen und Vergnügen dessen, der den Garten pflegte. Dieser Garten war immer ein »Biotop« für sich, mit eigenen Gesetzen und Rechten, mit einer Vielfalt von Pflanzen, die gerade *nicht* das verkleinerte Abbild irgendeiner Landschaft oder einer natürlichen Lebensgemeinschaft darstellten, sondern nach anderen Gesichtspunkten ausgewählt und angeordnet waren. Das Vorkommen von Raupen, Würmern, Käfern, Schmetterlingen, Vögeln und Amphibien in den »alten« Gärten zeigt, daß diese durchaus als Lebensraum angenommen wurden und als Biotop eigener Art gelten konnten. Erst die großflächige Zerstörung der umliegenden Biotope und die bedenkenlose Anwendung chemischer »Pflanzenschutz«-Mittel und Pflanzenvernichtungsmittel hat auch die Gärten wirklich denaturiert.

Wenn wir auf die Anwendung solcher Mittel konsequent verzichten, haben wir schon den wichtigsten Schritt zum naturfreundlichen Garten getan. Wenn wir dann trotzdem auf dem Gartenweg eine Hummel finden, die sich wie rasend um sich selbst dreht, dann wissen wir, daß »draußen« die Vergiftung weitergeht. Unser Zorn wird wachsen – und vielleicht ist dies tatsächlich die am weitesten reichende Wirkung, die ein naturfreundlicher Garten haben kann: daß er seinem Besitzer und dessen

Besuchern immer wieder vor Augen führt, wie groß der Reichtum und wie wunderbar die Wesen sind, die wir mit unserer Industriezivilisation vernichten – viele davon für immer. Nur ein ungeheurer Aufstand des Zorns könnte dem ein Ende machen, und vielleicht kann dieser Zorn in den kleinen Gärten wurzeln und sich dort die Kraft holen, die er braucht, um zur Macht zu werden.

Da kommt es dann nicht mehr darauf an, ob die heute allenthalben aufgestellten Forderungen für die Anlage eines »Naturgartens« sklavisch erfüllt werden oder nicht. Zum Beispiel heißt es, man dürfe im Naturgarten nur Pflanzen aus der näheren Umgebung (und selbstverständlich keine Individuen aus der Gärtnerei) ansiedeln, und man müsse stets natürliche Biotope nachahmen und konsequent in Form halten.

Solche Forderungen sind absurd: Wenn die Pflanzen der Umgebung noch so reichlich vorhanden sind, daß man die Verpflanzung in die Gärten verantworten kann, dann ist es auch ziemlich unnötig, sie dort anzusiedeln; wenn es sie aber nicht mehr gibt, dann dürfte man auch nichts dagegen einwenden, daß der Naturgärtner sie sich von anderswoher beschafft. Und was die Nachahmung von Biotopen im Garten angeht, so gibt es nichts Un-Natürlicheres als eine Wiese von dreißig Quadratmetern oder einen Sumpf von zwanzig. Es wäre ehrlicher, wenn man solche Unternehmungen nicht als eine Art von Wiederherstellung der Natur ausgäbe, sondern sich dazu bekennte, daß man hier nur ein modellhaftes Abbild der Natur erschafft, und daß ständige Eingriffe des Menschen nötig sind, um solche künstlichen, gleichsam musealen Inseln überhaupt am Leben zu erhalten.

Der Wunsch, einen kleinen Flecken Erde mit möglichst viel »Natürlichkeit« zu haben, ist legitim und achtbar. Man sollte aber die Lösung, die man wählt, sehr sorgfältig bedenken und keine der vielen möglichen Lösungen als die ökologisch-moralisch einzig vertretbare ansehen. Der Garten ist und bleibt ein Stück vom Menschen gestalteter Natur. Der »Naturgarten« ist ein Widerspruch in sich und bestenfalls ein Kompromiß – als Dogma wird er zum Krampf.

Woher nimmt man die Wildpflanzen?

Es sollte selbstverständlich sein, daß gerade derjenige, der sich für wildwachsende und gefährdete Pflanzen interessiert, nicht dazu beiträgt, ihre Bestände zu reduzieren. Das heißt, daß er nicht nur die ohnehin viel zu laschen Naturschutzgesetze respektiert, sondern darüber hinaus äußerste Schonung und Rücksicht übt – ganz gleich, ob es um Pflanzen der engeren Heimat geht oder um Pflanzen in den Landschaften, die auf Urlaubsreisen oder Exkursionen besucht werden.

In einem weit verbreiteten und gerühmten Buch über den »Naturgarten« stehen die folgenden Sätze: »Man gräbt pro Art etwa fünf Exemplare von passenden Waldkräutern aus und verpflanzt sie an schattige Stellen . . . Hat man Erfolg, war die Artenwahl richtig. Bei Mißerfolg war sie falsch . . .« Wenn alle Leser jenes Buches diesen törichten Rat befolgen, dann wird sich die »Rote Liste« der gefährdeten Arten noch schneller verlängern, als das ohnehin schon der Fall ist:

Wenn man schon Pflanzen ausgräbt, dann müssen es nicht gleich fünf »Exemplare« sein – eines genügt völlig; die Vermehrung hat im Garten zu erfolgen, der Wald ist keine Großgärtnerei, in der man sich beliebig bedienen kann. Im übrigen ist das Ausgraben von Pflanzen nur unter folgenden Voraussetzungen vertretbar:

● Man sollte die Pflanzen kennen, um zu wissen, ob sie nicht gefährdet oder sogar besonders geschützt und ihre Entnahme verboten ist. (Siehe dazu auch »Wie bestimmt man Wildpflanzen?«, Seite 12.)

● Der Bestand am Entnahmeort muß sehr groß sein, so daß er durch den Eingriff nicht beeinträchtigt wird.

● Eine Entnahme ist dann vertretbar, wenn die Pflanze offenkundig durch Baumaßnahmen, Herbizidanwendung oder auf andere Weise akut gefährdet ist und am Standort nicht überleben würde.

● Einjährige Pflanzen (Annuelle) zu entnehmen, ist meistens zwecklos, weil sie oft das Umpflanzen nicht vertragen und selten zur Samenreife kommen; von solchen Pflanzen sollte man nur die Samen sammeln.

Bei kriechenden und wuchernden Pflanzen genügt oft schon ein winziges Stück des Rhizoms zur Weiterkultivierung. Ein breites, hinreichend langes Taschenmesser ist fürs Ausgraben praktischer als ein Spaten – wie überhaupt der Verzicht auf die Mitnahme eines Spatens schon ein technisches Hindernis für allzu starke Eingriffe bedeutet.

Pflanzen müssen sofort in Papier oder in eine Kunststofftüte eingewickelt werden, damit ihre Wurzeln nicht austrocknen können (eventuell etwas anfeuchten oder, falls kein Wasser verfügbar, frisches Laub beigeben). Blütenstände bricht man am besten gleich aus – sie verbrauchen Feuchtigkeit und erschweren das Anwachsen.

Weit weniger problematisch im Sinne des Pflanzenschutzes als die Entnahme von Pflanzen am Naturstandort ist das Sammeln von *Samen*. Bei besonders geschützten Pflanzen ist zwar auch dies verboten, bei nicht gefährdeten Arten aber zumindest dann vertretbar, wenn es sich *nicht* um einzelstehende Pflanzen handelt, deren Weiterleben am Standort gefährdet wäre, wenn man sie ihres Samens beraubt.

Geringe Samenmengen sind völlig ausreichend. Wir transportieren sie in Tütchen, die wir sofort mit dem Namen der Pflanze und einer Notiz über den Fundort versehen. Auch wenn wir den Namen nicht kennen, sollten wir Einzelheiten über Standort und Bodenverhältnisse notieren, um später wenigstens einen Anhaltspunkt für die Wahl der Pflanzstelle zu haben.

Nach einiger Übung kann man selbst einer unbekannten Pflanze ziemlich sicher ansehen, ob sie einjährig oder ausdauernd ist; auch dies sollten wir notieren, weil es für die spätere Behandlung des Samens wichtig ist. Einjährige Pflanzen verwelken meist gleich nach der Samenreife, ausdauernde entwickeln zu dieser Zeit oft schon neue Grundblätter oder bleiben überhaupt frisch und kräftig. Freilich ist dies nur eine Faustregel, von der es viele Ausnahmen gibt.

Alle anderen Wege der Beschaffung von Wildpflanzen sind – gegenüber der Entnahme vom Naturstandort – unbedenklich:

● Auf Exkursionen und allen sonst in Betracht kommenden Veranstaltungen sollte man nach botanisch interessierten Gartenfreunden suchen. Eine Vielzahl von Wildpflanzen ist längst in den Gärten vorhanden – man muß nur die Gärtner entdecken, mit ihnen eine dauerhafte Verbindung anknüpfen und immer Samen und Pflanzen für den *Tausch* verfügbar haben. Auch durch Anzeigen in Gartenzeitschriften lassen sich Tauschpartner finden (→ Seite 72).

● Gelegentlich kann man in *Botanischen Gärten* an Wildpflanzen kommen. Allerdings sind

Wiesen-Schaumkraut *(Cardamine pratensis)* und ▷ Sumpf-Dotterblume *(Caltha palustris)* an einem Graben. Gerade im kleinen Garten kann es zweckmäßiger sein, statt eines Teiches einen Graben anzulegen (Seite 53).

die Leiter und Mitarbeiter gegenüber solchen Wünschen zurückhaltend – aus zwei einleuchtenden Gründen: Erstens würden sie sich durch Pflanzenlieferungen ans Publikum irgendwann den Unmut der Gärtnereien zuziehen, und zweitens könnten solche Gefälligkeiten leicht einen Umfang annehmen, bei dem man einen Mitarbeiter eigens für die »Kundenbedienung« abstellen müßte. Es ist natürlich sehr schade, daß in den Botanischen Gärten Jahr für Jahr große Mengen der interessantesten Pflanzenarten auf dem Kompost enden, weil ihre Bestände ausgelichtet werden müssen – doch gibt es wirklich nur die »Notlösung«: daß man, mit Geduld und Freundlichkeit, versucht, im richtigen Moment einmal den richtigen Mann zu erwischen, um vielleicht doch an eine begehrte Art zu kommen. Die größten Chancen hat natürlich, wer sich als botanisch Kundiger ausweisen kann, die geringsten der, dem man es anmerkt, daß er nur eine Rarität erschnorren will, für deren Kultur seine Erfahrungen und Kenntnisse dann doch nicht ausreichen.

● Schließlich gibt es eine zunehmende Zahl von Versandgärtnereien und Samenhandlungen, die sich mit Wildpflanzen befassen, und zwar auch mit denjenigen, die bisher nicht in Gärtnereien zu finden waren. Einige dieser Firmen sind im Anhang (→ Seite 72) aufgeführt. Samenkataloge werden im allgemeinen zum Jahresanfang verschickt.

◁ Oben: Mauerpfeffer *(Sedum acre)*; Schwarzes Bilsenkraut *(Hyoscyamus niger)*; Zymbelkraut *(Cymbalaria muralis)*.
Mitte: Gemeiner Natterkopf *(Echium vulgare)*; Nessel-Seide *(Cuscuta europaea)*; Filzige Klette *(Arctium tomentosum)*.
Unten: Acker-Täschelkraut *(Thlaspi arvense)*; Herbst-Zeitlose *(Colchicum autumnale)*; Weg-Malve *(Malva neglecta)*.

Die Auswahl bei den genannten Firmen ist so reichhaltig, daß man ohne Schwierigkeiten einen großen Bestand von Wildpflanzen aller Biotope zusammentragen kann, ohne eine einzige Pflanze in der Natur anzurühren.

Es darf hier freilich nicht verschwiegen werden, daß jene Botaniker, die sich mit der geographischen Verbreitung und der natürlichen Vergesellschaftung der Pflanzen befassen (Vegetationskundler, Pflanzensoziologen), es gelegentlich mißbilligen, daß Wildpflanzen über lokale Grenzen hinweg ausgetauscht oder durch Gärtnereien verbreitet werden. Dies könne, so sagen die Fachleute, zu genetischen Veränderungen (Rassenbildung, Bastardierung, genetische Verarmung) führen, und wenn solche Pflanzen dann etwa aus den Gärten entweichen oder gar absichtlich ausgepflanzt würden, dann bestehe die Gefahr einer »Florenverfälschung«.

Gegen diese strenge Betrachtungsweise gibt es aber gewichtige Gegenargumente, die hier nur angedeutet werden können:

● Seit Jahrhunderten wirkt der Mensch auf vielerlei Weise an der Verbreitung der Pflanzen mit. Weder läßt sich dies für die Zukunft ausschließen, noch gibt es einen zwingenden Grund, den heutigen genetischen Zustand und die heutige geographische Verteilung unserer Flora ein für allemal festzuschreiben und jede absichtliche oder unabsichtliche Veränderung zu verpönen. Allenfalls kann dies dann gelten, wenn durch das Eindringen einer Art in einem Biotop ein Konkurrenzdruck entsteht, dem besonders gefährdete Arten zum Opfer fallen könnten.

● Die legale Vernichtung ganzer Biotope und Pflanzenbestände durch Baumaßnahmen, durch Landwirtschaft und Tourismus, die der Hauptgrund für die Gefährdung und Ausrottung vieler Pflanzenarten ist, geht in steigendem Tempo weiter. Gegenüber der tagtäglichen großflächigen Verwüstung ist die von der

Was Wildpflanzengärtner wissen sollten

Gartenkultur von Wildpflanzen ausgehende Bedrohung der Bestände, ihrer genetischen Reinheit und ihrer pflanzengeographischen Ordnung verschwindend klein.

Wie bestimmt man Wildpflanzen?

Wer Wildpflanzen oder Samen nach dem Katalog bestellt, weiß, welche Arten er bekommt. Gerade für den Einstieg in die Wildpflanzengärtnerei sollte man diesen Weg wählen.

Der »Fortgeschrittene« freilich wird sich auch mit den Pflanzenarten befassen wollen, die ihm draußen begegnen – und dann kommt er nicht umhin, sich mit ihrer botanischen Bestimmung abzugeben. Es führt zu nichts, wenn man wahllos irgendwelche Pflanzen sammelt und in den Garten bringt, ohne zu wissen, um welche Arten es sich handelt. Daraus kann nur ein zufälliges Sammelsurium entstehen – und überdies bestünde die Gefahr, daß man unwissentlich an geschützte oder gefährdete Arten gerät.

Es muß deshalb hier etwas ausführlicher von den Büchern die Rede sein, die gewissermaßen das »Handwerkszeug« für den Wildpflanzengärtner darstellen:

Für die Pflanzenbestimmung gibt es zahllose bunt bebilderte Bücher, die dem Käufer »leichtes Bestimmen aller wichtigen Pflanzen« und ähnliches versprechen. Leider sind diese Verheißungen stets übertrieben und irreführend:

Was die Verfasser und Verleger solcher Bücher als »wichtige Pflanzen« ansehen, das ist, bestenfalls, ein Drittel (meist sehr viel weniger) der gesamten Flora. Die wirklich »wichtigste« Pflanze ist aber immer diejenige, die man gerade vor sich hat – da kann es nur zu Irrtümern und Enttäuschungen führen, wenn der Verfasser des Bestimmungsbuches just diese

Art nicht zu den »wichtigen« gezählt hat. Hinzu kommt, daß sich bei weitem nicht alle Arten zuverlässig nach Abbildungen bestimmen lassen. Für die Unterscheidung verwandter Arten kommt es oft auf Details an, die man auf Bildern gar nicht als unterschiedlich erkennen würde.

Die üblichen Bilderbücher können also im besten Fall dem im Bestimmen Unerfahrenen ein wenig helfen, die Familie oder die Gattung zu ermitteln, zu der die gesuchte Pflanze gehört. Spätestens von diesem Punkt an muß er dann mit einem »richtigen« Bestimmungsbuch arbeiten, sich mit einigen pflanzenanatomischen Grundbegriffen vertraut machen und die Benutzung der »Schlüssel« erlernen.

Diese Bestimmungsschlüssel sind so aufgebaut, daß man sich, Schritt für Schritt, jeweils zwischen zwei Merkmalen zu entscheiden hat (etwa zwischen »Blüten mit 2 Staubfäden« und »Blüten mit 3–6 Staubfäden«) und auf diese Weise durch Ausschließung der nicht zutreffenden Merkmale bis zu der Art geführt wird, die man vor sich hat (»dichotomer Schlüssel«). Oft kann es dabei geschehen, daß die Entscheidung schwer fällt (etwa zwischen »Blätter unterseits meist behaart« und »Blätter beiderseits kahl, selten zerstreut langhaarig«), oder daß sie gar nicht getroffen werden kann, weil der betreffende Pflanzenteil (Blüte, Frucht, Wurzel) nicht zur Hand ist; dann muß man beide Wege weiterverfolgen und gerät auf einem davon in eine Sackgasse, während der andere zu einem Ergebnis führt.

Das Bestimmen nach solchen Schlüsseln ist eine Sache der Übung; durch erste Mißerfolge darf man sich nicht abschrecken lassen – noch weniger natürlich durch die lateinischen Namen, die für eine eindeutige Bezeichnung unerläßlich sind. Der erste Name bezeichnet die Gattung, der zweite die Art (»binäre Nomenklatur«):

Das Echte Labkraut und der Waldmeister gehören beide zur Gattung Galium. Das Echte Labkraut heißt lateinisch *Galium verum,* der Waldmeister *Galium odoratum.* Die botanische Verwandtschaft kommt im lateinischen Namen zum Ausdruck – unabhängig von den (zudem oft lokal verschiedenen) deutschen Bezeichnungen.

Von den »richtigen« Bestimmungsbüchern seien zwei erwähnt, deren jedes Vor- und Nachteile hat (→ auch Seite 72):

Die »Flora von Deutschland und seinen angrenzenden Gebieten« von Schmeil/Fitschen hat für den Anfänger den schätzenswerten Vorteil, daß sie eine gute Einführung in alle pflanzenanatomischen Begriffe gibt, und daß sie einen Bestimmungsschlüssel für die Familien und Gattungen »nach einfachen, vorwiegend vegetativen Merkmalen« enthält, der vor allem dann hilfreich ist, wenn die Pflanze keine Blüten trägt, oder wenn man mit der Blütenanatomie noch nicht so vertraut ist. Ein Nachteil dieser »Flora« besteht darin, daß die Beschreibungen der einzelnen Pflanzen (also die eigentlichen »Texte« außerhalb des Bestimmungsschlüssels) äußerst kurz und lückenhaft sind, was die Nachprüfung der schließlich erreichten Bestimmung erschwert. Der zweite Nachteil ist, daß in diesem Buch nur Pflanzenteile abgebildet sind, und zwar diejenigen, die für die Bestimmung nach dem dichotomen Schlüssel von Bedeutung sind. Das ist oft sehr praktisch – aber wenn man dann zum Schluß bei der Art angelangt ist (oder angelangt zu sein glaubt), findet man kein Habitusbild der Pflanze, an dem sich nun weitere Details vergleichen ließen. Auch sind die Standortangaben so knapp gehalten, daß sie kaum ausreichen, um etwas über die Boden- oder Umweltansprüche der Arten auszusagen. Letzteres ist für den Wildpflanzengärtner ein großer Nachteil. Doch soll betont werden, daß die Flora von Schmeil/Fitschen als erstes Bestimmungsbuch für Anfänger empfohlen werden kann und alle einheimischen Pflanzen einschließlich der häufig kultivierten umfaßt.

Weit ausführlicher – aber eben deshalb auch sehr umfangreich und teuer – ist die »Illustrierte Flora. Deutschland und angrenzende Gebiete« von A. Garcke. Sie bietet im Text eingehende Beschreibungen der Pflanzenarten unter Hervorhebung der art-unterscheidenden Merkmale, ausführliche Verbreitungs- und Standort-Angaben und schließlich ein Habitusbild von mindestens einer Art je Gattung; insgesamt enthält der Band 460 Habitusbilder, dazu weit über 3000 Detailzeichnungen. Die Bestimmungsschlüssel sind manchmal etwas schwieriger zu benutzen als die der Flora von Schmeil/Fitschen. Dennoch ist die Flora von Garcke für eine ernsthafte Beschäftigung mit Wildpflanzen auf die Dauer unentbehrlich. Es sei noch einmal wiederholt, daß das Bestimmen der Pflanzenarten für den Wildpflanzengärtner unumgänglich ist, und daß es mit wachsender Übung immer leichter fällt: Je mehr Arten man kennengelernt hat, um so eher wird man schließlich auch die »restlichen« noch bewältigen.

Vorsicht ist übrigens geboten, wenn man Botanische Gärten besucht und sich von den dort aufgestellten Schildchen Aufklärung und Hilfe erhofft: Leider findet man hier nicht selten unzutreffende Bestimmungen.

Der richtige Platz für die Wildpflanzen im Garten

Ein richtiger Garten ist ständig in Verwandlung begriffen, und wenn man beginnen will, mit Wildpflanzen umzugehen, dann wird es noch häufiger zu Veränderungen kommen. Trotzdem sollten wir uns so früh wie möglich überlegen, wie wir die Absicht der Wildpflanzen-Hege mit den Möglichkeiten des Gartens vereinbaren können. Auf welche Gartenstauden mit großem Platzbedarf sind wir bereit zu verzichten? Wieviel Rasenfläche ist die Familie zu opfern bereit? Welche Konzessionen an den »Schönheitssinn« der Nachbarn und Passanten glauben wir machen zu müssen (zum Beispiel im »Vorgarten«)? Je kleiner der Garten, um so schwerer wiegen solche Grundentscheidungen, und um so sorgfältiger sollten wir sie bedenken. Viele »Naturgarten«-Empfehlungen gehen stillschweigend von Grundstücksgrößen aus, die man heute nur noch selten findet. Uns geht es hier aber nicht darum, schöne Träume zu beschreiben, sondern darum, praktikable Lösungen gerade für den kleinen Garten aufzuzeigen.

Am unteren Ende der Skala von Möglichkeiten steht die *Einzelpflanzung* von Wildpflanzen zwischen anderen Gartenstauden. Das ist eine Parallele zum Gestaltungsprinzip des alten Bauerngartens, wo Zier- und Nutzpflanzen bunt durcheinanderstanden. Die Zwischenpflanzung einzelner Wildpflanzen ist dann am wenigsten problematisch, wenn ihre Blütezeit von der ihrer Nachbarn abweicht. Hier kommt alles auf das Fingerspitzengefühl des Gärtners an, der selber merken muß, was sich nach Gestalt und Farbe und Wesen zueinanderfügt und was nicht.

Aus den oft unterschiedlichen Bedürfnissen von Wildpflanzen und Gartenstauden ergibt sich schon bald von selbst die Notwendigkeit, kleine *Gruppen* zu bilden, in denen Pflanzen gleicher Herkunft und gleicher Ansprüche versammelt sind – etwa: Frühlingsblüher des Laubwaldes unter einer Laubholzhecke.

Von diesen Gruppen gibt es alle Übergänge bis hin zu ganzen Gartenteilen, in denen natürliche *Biotope* nachgebildet werden: Steinige Hänge, Wiesenflächen, geräumige Teiche, Rohbodenbereiche mit »Unkräutern«, Sumpfbeete.

Ein moderner Reihenhausgarten bietet kaum Platz für einen einzigen dieser Biotope. Wer viele Arten aus unterschiedlichen Pflanzengesellschaften hegen will, muß deshalb in kleinerem Maßstab planen und wird im Notfall sogar versuchen müssen, sich mit *Kästen* oder *Trögen* zu helfen. Wenn man diese nicht zu sehr sich selbst überläßt, kann man darin erstaunlich vielfältige und artenreiche Gesellschaften versammeln. Tröge haben freilich den Nachteil, daß sie sehr teuer sind, schnell austrocknen und im Vergleich zu ihrem Rauminhalt viel Platz brauchen.

Zweckmäßiger erscheinen mir daher Kästen, die man sich aus imprägnierten Holzbohlen von etwa 4 cm Stärke, 10 cm Breite und 1 m Länge leicht zusammennageln kann. In solche Kästen können wir die jeweils passende Erdmischung einbringen. Schmale Wege zwischen den Kästen machen diese von allen Seiten erreichbar und erleichtern es uns, eine größere Anzahl von Pflanzen und Arten nebeneinander zu kultivieren, als das auf einem normalen Gartenbeet je möglich wäre.

Solche Kästen sind fast unentbehrlich für den Typus des privaten »*Botanischen Gartens*«, in dem möglichst viele verschiedene Arten aus allen Familien und Biotopen Aufnahme finden sollen. Wenn der Platz nicht reicht, um, wie im richtigen Botanischen Garten, Landschaftsmodelle mit den entsprechenden Pflanzen nebeneinander aufzubauen, dann ist es ehrlicher, daß man auf jede Nachahmung verzichtet und sich zur botanischen »Mustersammlung« bekennt, in der die Arten eher aufgereiht als »gestalterisch« drapiert sind.

Die Pflanzen selbst sorgen schon durch ihre Verschiedenheit und durch die Lebensgesten ihres Wachsens dafür, daß auch die Reihung niemals starr wirkt. Noch einmal sei hier an den Bauerngarten – und an den noch älteren Klostergarten – erinnert: Beide waren nach einer strengen Ordnung angelegt – und beide haben eine unschätzbare Bedeutung für die Begründung eines tiefen Naturverständnisses gehabt.

Bedürfnisse, Wünsche und Möglichkeiten sind in jedem Garten und bei jedem Gärtner andere. Das Wichtigste, gerade für den Umgang mit Wildpflanzen und gerade dann, wenn man immer wieder Neues versuchen und beobachten will, ist der Abschied von der Vorstellung, ein Garten müsse – womöglich nach einem fachmännisch vorgeschriebenen Plan – »angelegt« werden und dann so bleiben wie er ist.

Einfache Holzkästen sind eine gute Hilfe, wenn wir viele verschiedene Pflanzenarten mit unterschiedlichen Ansprüchen kultivieren wollen.

Die Ansprüche der Wildpflanzen

Übliche Gartenstauden sind im allgemeinen nicht sehr empfindlich gegenüber Schwankungen der Lebensbedingungen – eben deshalb haben sie sich ja meist als Gartenpflanzen durchgesetzt. Die Toleranzbreite der Wildpflanzen ist hingegen oft viel geringer; für viele von ihnen kann es lebenswichtig sein, daß wir ihnen genau die Bedingungen verschaffen, unter denen sie an ihren Naturstand-orten gedeihen. Dabei kann es sein, daß sehr eng verwandte Pflanzenarten höchst unterschiedliche Ansprüche haben – man muß sich also sehr genau zu informieren suchen.

Das kann auf verschiedene Weise geschehen. Wenn wir Samen oder Pflanzen am Standort selbst entnommen haben, müssen wir uns bemühen, die wichtigsten Umweltbedingungen schon dort zu ermitteln: Wir sehen, ob die Pflanze Schatten, Halbschatten oder volle Sonne mag; wir sehen, ob der Boden trocken oder feucht, lehmig oder sandig, verdichtet oder locker ist. Schwieriger ist es schon, den (für das Gedeihen oft entscheidenden) Kalkgehalt des Bodens festzustellen. Die meisten im Handel angebotenen Schnelltests sind ziemlich unzuverlässig und kaum vor Ort anwendbar. Weit aufschlußreicher ist es, wenn man sich (notfalls mit kundiger Hilfe) über die geologischen Verhältnisse des betreffenden Gebietes informiert oder einheimische Landwirte fragt, ob der Boden kalkhaltig ist oder nicht. Auch die vorkommenden Bäume können gute Hinweise geben; dabei mag als Faustregel gelten, daß Buchen- und Laubmischwälder meist (aber nicht immer!) auf basische, also kalkhaltige Böden schließen lassen, während in Nadelwäldern saurer Boden zu finden ist.

Ein zweiter Weg zur Feststellung der Lebensbedingungen einer Pflanze geht über das Bestimmungsbuch, wenn es Angaben über bevorzugte Standorte enthält. Das ist aber, wie wir schon bemerkt haben (→ Seite 12), selten in ausreichendem Maße der Fall.

Drittens schließlich gibt es ein Buch, dessen Anschaffung sich für den Wildpflanzengärtner auf jeden Fall lohnt. Der Pflanzensoziologe H. Ellenberg hat darin mit Computerhilfe die »Zeigerwerte der Gefäßpflanzen Mitteleuropas« zusammengetragen (→ Seite 72, »Bücher, die weiterhelfen«). Für mehr als 2600 Wildpflanzen findet man hier in Tabellenform genaue Angaben über die optimalen Bedingungen in bezug auf Licht, Temperatur, Feuchtigkeit, Bodenreaktion (sauer, neutral oder basisch) und Nährstoffbedarf. Schnellere und genauere Auskunft ist nirgendwo sonst zu finden, und so ist Ellenbergs Buch für den Wildpflanzengärtner fast unentbehrlich. Selbstverständlich gibt es auch unter den Wildpflanzen viele Arten, bei denen man nicht peinlich genau auf die Einhaltung der optimalen Lebensbedingungen zu achten braucht, weil sie auch unter veränderten Umständen überleben können. Da sich dabei aber nicht selten die charakteristische Wuchsform ändert, der Blütenansatz geringer ist oder die Lebensdauer abnimmt, ist es doch lohnend, auf diesen Punkt möglichst viel Aufmerksamkeit zu verwenden.

Mit allem Vorbehalt seien hier für etwaige Zweifelsfälle ein paar sehr grobe Faustregeln genannt:

Pflanzen von sauren Böden sind gegen Kalk fast immer empfindlich; viele Pflanzen kalkhaltiger Böden nehmen notfalls mit einem neutralen Boden vorlieb. Ausgesprochen säureliebende Arten bilden nur einen sehr geringen Prozentsatz unserer Wildpflanzen; ausgesprochen kalkliebende Pflanzen sind in weit höherem Maße vertreten. Schattenpflanzen gedeihen eher auch in der Sonne als sonnenbedürftige Arten im Schatten. Viele feuchtigkeitsliebenden Pflanzen nehmen auch mit einem trockeneren Boden vorlieb, während trockenheitsliebende Pflanzen meist hochempfindlich gegen Nässe (insbesondere Winternässe) sind.

Aussaat, Pflege und Vermehrung

Aussaat draußen und drinnen

Wer sich in seinem Garten mit Wildpflanzen befassen will, wird in der Regel schon über gärtnerisches Grundwissen und einige Erfahrung verfügen. Wir wollen hier also nicht den ganzen Katechismus der gärtnerischen Arbeiten abhandeln, sonder nur diejenigen Hinweise geben, die für den Umgang mit Wildpflanzen besonders wichtig sind. Vornehmlich geht es dabei um die Aussaat, bei der die meisten Fehler gemacht werden und die meisten Mißerfolge vorkommen.

Einjährige Pflanzen keimen, wachsen, blühen und fruchten im Laufe eines einzigen Jahres und sterben dann ab. *Einjährig-winterannuelle* Pflanzen säen sich in der Natur im Sommer aus, keimen bald, bilden bis zum Winter eine Blattrosette, blühen und fruchten im nächsten Jahr und sterben dann ab. *Zweijährige* Pflanzen brauchen die ganze Vegetationsperiode des ersten Jahres zur Ausbildung ihres vegetativen Teils, blühen und fruchten im darauffolgenden Jahr und sterben dann meist ab; manche Zweijährigen können allerdings mehrere Jahre überleben. *Ausdauernde* Pflanzen blühen wie die Zweijährigen frühestens im zweiten Jahr ihres Daseins und halten dann viele Jahre aus, wobei sie sich meist nicht nur durch Samen weiter vermehren, sondern auch durch vegetative Ausdehnung (etwa durch Wurzelausläufer, Wurzelsprosse, Knollen). Die Lebensform der Pflanze ist aus den meisten Bestimmungsbüchern ersichtlich. Nur wenn man weiß, zu welcher Gruppe eine Pflanze gehört, kann man die richtige Aussaatzeit bestimmen und weiß zugleich auch, ob noch im gleichen oder erst im nächsten Jahr mit der Blüte zu rechnen ist: Einjährig-winterannuelle Pflanzen müssen noch im Jahr der Samenreife ausgesät werden – oder im Sommer des folgenden Jahres, alle anderen im Frühjahr. Wenn wir nicht wissen, ob der Samen von einer einjährig-winterannuellen Pflanze stammt oder nicht, säen wir im Frühjahr aus, müssen dann aber damit rechnen, daß die Pflanze gewissermaßen die versäumte Zeit einzuholen versucht und bereits im gleichen Jahr blüht, jedoch insgesamt schwächer bleibt, als wenn wir sie im Sommer aussäen würden.

Es gibt noch einige andere Besonderheiten, die für die richtige Aussaat von Bedeutung sind:

Die Samen der *Frostkeimer* müssen, um keimen zu können, eine kurze Kälteperiode durchgemacht haben. Es gibt keine Bücher oder Listen, in denen sich nachlesen ließe, ob eine Pflanze zu den Frostkeimern gehört – nur eine etwas unsichere Faustregel: Früh im Jahr reifende Samen sind meistens keine Frostkeimer, spät reifende sind oft Frostkeimer. Ein geringer Prozentsatz einer Frostkeimer-Aussaat läuft allerdings oft auch dann auf, wenn die Samen nicht der Kälte ausgesetzt waren. Wer in einem Zweifelsfall sicher gehen will, müßte die Samen einem »Scheinwinter« von etwa zehn Tagen im Kühlschrank aussetzen (nicht im Tiefkühlfach) oder mindestens einen Teil des Saatgutes im Spätherbst in einem Topf aussäen, diesen an einem Schattenplatz, mit Folie abgedeckt, in die Erde senken und im Frühjahr ans Licht holen. Falls man die Freilandaussaat wählt, kann diese (ohne besonderen Schutz) ebenfalls im Spätherbst erfolgen.

Die Saat von *Schwerkeimern* läuft nur widerwillig und spärlich auf; das heißt, daß von vielen Samenkörnern nur wenige keimen und/oder daß die Samen »überliegen«, also erst in einem der nächsten Jahre keimen (zum Beispiel die Samen des Diptam). Hier hilft nur geduldiges Abwarten – und eine besondere Vorsorge gegen Schädlinge und Austrocknung (→ Seite 20).

17

Die Samen von *Dunkelkeimern* gehen nur auf, wenn sie mit Erde abgedeckt sind, die von *Lichtkeimern* nur, wenn sie nicht abgedeckt sind. Auch hierfür gilt, daß man diese Eigenschaften nirgendwo nachschlagen kann, aber auch hier geht es nicht ganz streng zu: Ein kleiner Anteil der Saat keimt auch unter den eigentlich keimhemmenden Bedingungen. Im Zweifelsfall können wir jeweils die Hälfte einer Aussaat leicht mit Erde bedecken, die andere Hälfte nur der Saaterde andrücken. Alle eigenen Erfahrungen über die Keimbedingungen und über die sehr verschiedene Keimdauer sollten wir auf jeden Fall für die Zukunft festhalten, am besten in einer Kladde oder in einer nach Artnamen geordneten Kartei, in der auch andere Beobachtungen, die man allzu schnell wieder vergißt, niedergelegt werden können.

Die Freilandaussaat

Die Aussaat im Freiland sollten wir nur vornehmen, wenn wir aus eigener oder fremder Erfahrung wissen, daß sie gelingen wird. Hat man nur wenige Samen, dann ist die Freilandaussaat zu riskant, weil die Keimlinge auf dem Beet stets durch Trockenheit oder

Sämlinge im Freiland können wir, wenn nötig, durch übergestülpte Einmachgläser schützen.

Schnecken, Insekten oder Nematoden (Fadenwürmer) gefährdet sind.

Die Freilandaussaat erfolgt im allgemeinen am endgültigen Standort; wir müssen also dafür sorgen, daß dort die Bedingungen herrschen, die die Pflanze später braucht. Ein Teil der Saat sollte mit Erde abgedeckt, der andere Teil nur dem Boden angedrückt werden. Ein Einmachglas oder eine rundum mit Erde befestigte Folie schützt die Saat vor Austrocknung und Vogelfraß und begünstigt die Keimung.

Selbstverständlich kennzeichnen wir die Aussaat mit einem Schildchen, auf dem mindestens der Name der Pflanze und der Saattag vermerkt sind, vielleicht auch die Herkunft des Samens.

Die Aussaat in Töpfen

Natürlich kann man, wenn man die sicherere Aussaat am Fensterbrett oder im Gewächshaus wählt, einen Topf oder ein Kistchen nehmen, Gartenerde hineinsieben, die Saat angießen und abwarten – und es kann gut sein, daß man Glück hat. Um Fehlschläge zu vermeiden, sollten wir aber etwas sorgfältiger zu Werke gehen und die geringe Mehrarbeit nicht scheuen, die wir aufwenden müssen, wenn wir unser möglicherweise wertvolles Saatgut nicht verderben lassen wollen.

Die Saaterde

ist die wichtigste Voraussetzung für das Gelingen der Aussaat. Eine gute Erde sollte locker, sandig, nur leicht lehmhaltig und nährstoffarm sein, die Bodenreaktion (pH-Wert) neutral oder leicht basisch. Wenn die Saaterde Torf enthält, also sauer ist, sollte sie mit etwas gemahlenem Kalk »gepuffert« werden – es sei denn, wir wüßten genau, daß die auszusäende Art sauren oder moorigen Boden braucht. Frische Komposterde ist unbrauchbar, fein gesiebte alte Gartenerde sollte mit viel Sand versetzt werden. Ein Zusatz von (im Handel erhältlichem) feinkörnigem Bims (Lava) ist nützlich, aber nicht nötig. Geeignet ist auch die handelsübliche Blumenerde, doch muß sie auf jeden Fall mit viel Sand »gemagert« und mit Kalk gepuffert werden, da ihre Reaktion meist zum Sauren neigt.

Eine gute, nämlich magere und stark durchgearbeitete, von Unkrautsamen und Schädlingen ziemlich freie Erde ist die von frischen Maulwurfshügeln. Je weniger unzersetzte organische Substanz eine Saaterde enthält, um so geringer ist die Gefahr von Pilz- und Schimmelbefall.

Ganz gleich, welche Erdmischung man sich bereiten mag – in jedem Fall sollte sie vor der Aussaat sterilisiert werden. Dafür gibt es viele Methoden, von denen hier nur die einfachste erwähnt sei:

Wir füllen die Erde in einen ausgedienten, aber sauberen Kochtopf (der nur für diesen Zweck verwendet wird), legen einen dicht schließenden Deckel auf und stellen den Topf für eine knappe Stunde in den auf 100 Grad erhitzten Backofen. Wenn organisches Material in der Erde enthalten ist, kann es zu einer mehr oder weniger starken Geruchsbelästigung kommen – Küche und Backofen müssen also hinterher gut gelüftet werden. Durch die Prozedur werden Schimmelsporen, Insekten und ihre Larven, Nematoden und »fremde« Samen ziemlich restlos vernichtet.

Saatgefäße

Alle zur Samenanzucht empfohlenen Gefäße haben ihre Vor- und Nachteile: Blumentöpfe sehen gut aus, lassen die Erde aber schnell austrocknen, so daß man ständig gießen muß. Fotoschalen sind zur Aussaat *einer* Pflanzenart gewöhnlich zu groß, die Aussaat mehrerer Arten in einer Schale ist aber höchst unpraktisch, weil bei unterschiedlicher Keimdauer ein Teil der Schale schon belüftet werden

muß, während die Keimlinge im anderen Teil dies noch gar nicht vertragen. Runde Schalen vom Typ Salatschüssel sind sperrig, weil ihre Glasabdeckung auf allen Seiten übersteht. Holzkistchen lassen die Saaterde schnell austrocknen und sind schlecht zu säubern. Styroporkästen sind oft zu leicht und brechen dann unter der Erdlast, oder sie sind klobig und unschön. Joghurtbecher sind platzsparend, aber scheußlich anzusehen, ebenso wie die klapprigen Aussaatkästen aus Plastik, die als »Kleingewächshäuser« angepriesen werden, aber mit den dazugehörigen Torfquelltöpfchen typische (nämlich entbehrliche und überteuerte) Erzeugnisse der Zubehörindustrie sind.

Statt irgendeines dieser herkömmlichen Saatgefäße zu empfehlen, möchte ich ein anderes vorschlagen, von dem ich meine, daß es nur Vorteile hat:

Es handelt sich um eine bestimmte Art von Einweckglas, das einen viertel Liter faßt und oft für Wurstkonserven verwendet wird, aber auch in jedem Haushaltwarengeschäft ohne Wurst zu haben ist; es hat einen oberen Durchmesser von 9 cm, eine Höhe von 7 cm und läuft nach unten leicht konisch zu.

In die Rille des oberen Randes passen genau die Kunststoffschälchen, in denen die Delikatessenläden Heringssalat und anderes verkaufen. Es gibt durchsichtige und milchig-trübe Schälchen – die einen sind praktischer, die anderen jedoch am sonnigen Fenster zweckmäßiger, weil sie das Licht brechen und dadurch Verbrennungen vermeiden.

Dieses Aussaat-Set läßt sich leicht beschaffen, kostet wenig und ist zuverlässig und leicht zu reinigen. Gläser und Hauben lassen sich ineinanderstapeln und nehmen auch auf der Fensterbank wenig Platz ein. Weitere Vorteile sind:

● Durch die Rille im Glas ist die Abdeckung praktisch luftdicht; da keine Feuchtigkeit entweichen kann, braucht auch nicht gegossen zu werden, vielmehr bleibt die anfangs sorgfältig dosierte Feuchtigkeit unverändert erhalten.

● Wenn man nicht zu gießen braucht, entfällt die dadurch sonst immer verursachte Verschlämmung der Saaterde. Außerdem: Wenn man nicht zu gießen braucht, kann man das

Bei diesem besonders praktischen Aussaat-Set handelt es sich um kleine Einweckgläser mit Kunststoffschälchen als Deckel (→ Seite 19).

Gießen auch nicht vergessen. Viele Aussaaten sind schon daran zugrundegegangen, daß der Sämann oder die Säfrau drei Tage verreist war und die Saat inzwischen austrocknete.

● Die Gläser lassen sich bei Bedarf leicht vom Dunklen ins Licht oder von einem Fenster an ein anderes transportieren, ohne daß Glasscheiben herunterfallen oder die Saat gestört wird.

● Die Abdeckung ist hoch genug, um den Sämlingen für die erste Zeit Raum zu bieten; sie braucht erst abgenommen zu werden, wenn die Sämlinge erstarkt sind.

● Die konische Form der Gläser erleichtert später das Austopfen.

● Die Samen von Schwerkeimern (→ Seite 17) können wir, wenn nötig, über Jahre hinweg im Glas halten, ohne daß wir zu gießen brauchen, und ohne daß die Samen durch Pilze oder Schädlinge gefährdet sind.

Das Aussäen

Wenn wir die sterilisierte Erde in unsere sorgfältig gesäuberten Gläser gefüllt haben, gießen wir sie vorsichtig an. Durch die Wand des Glases können wir leicht abschätzen, ob der richtige Feuchtigkeitsgrad erreicht ist; wenn am Boden des Glases Wasser steht, haben wir schon zuviel getan und müssen den Überschuß abgießen: Samen brauchen zum Keimen Feuchtigkeit, aber nicht Nässe. Die richtige Dosis haben wir getroffen, wenn einige Zeit nach dem Aufsetzen des Deckels eine dünne Schicht von Kondenstropfen im Deckel sichtbar wird. Wenn dies nicht der Fall ist, fehlt Feuchtigkeit; wenn die Tropfen dick herunterlaufen, ist zu viel Wasser in der Erde. Auf die feuchte Saaterde bringen wir die Samen und decken sie ganz oder teilweise mit einer dünnen Erdschicht ab (→ Licht- und Dunkelkeimer, Seite 18). Dann legen wir die Kunststoffhaube auf – natürlich nicht ohne vorher ein Schildchen eingesteckt zu haben, das den Namen der Pflanze und das Aussaat-Datum anzeigt. Verwechslungen lassen sich am besten vermeiden, wenn dieses Schildchen die Sämlinge von nun an begleitet; es sollte also von vornherein ein wetterfest beschriftetes Plastikschildchen sein. Die Gläser sollen wohltemperiert, aber nicht zu warm stehen. Sobald die Keimlinge erscheinen, stellen wir die Gläser ans Licht, doch soll sie keine pralle Sonne treffen.

Die einzige Gefahr, die der Aussaat droht, sind Schimmel- und Fäulnispilze, deren Sporen den Samen selber anhaften können. Zum Schutz davor sollten wir die Saat mit einer dünnen Schicht gemahlener Holzkohle bestreuen; diese Schicht verhindert ziemlich zuverlässig die Vermehrung etwa vorhandener Pilze und Bakterien. Bilden sie sich dennoch, können wir mit einer Pinzette die Entfernung aller Herde versuchen und auch etwa faulende Samenkörner sofort wegnehmen.

Das Pikieren

Wenn sich, nach dem Keimblattpaar, das erste Laubblattpaar gebildet hat, lüften wir täglich für einige Stunden die Haube, indem wir ein Stäbchen in die Erde stecken, auf dem die Haube dann hängt. Natürlich darf keine Zugluft eindringen. Bald darauf können wir die so abgehärteten Sämlinge »pikieren«, das heißt vereinzeln, damit sie ihr Wurzelwerk kräftigen. Je nach ihrer Größe können wir dazu wieder Gläser mit Kunststoffhauben nehmen oder aber Blumentöpfe, die durch übergestülpte Einmachgläser vor Zugluft geschützt werden können.

Da die kleinen Pflanzen die im Samen gespeicherten Nährstoffe verbraucht haben, geben wir ihnen jetzt etwas nahrhaftere Erde, die aber möglichst auch wieder sterilisiert werden sollte, weil Fäulnispilze immer noch eine große Gefahr darstellen.

Zum Pikieren stülpen wir das Glas mit den Sämlingen vorsichtig um, bröseln die Erde auseinander und entwirren das Wurzelwerk. Dann nehmen wir die kräftigsten Sämlinge

Beim Pikieren werden die Sämlinge so tief gesetzt, daß das Keimblattpaar der Erde aufliegt.

und versenken sie bis zum Keimblattpaar in ein zuvor mit einem sauberen Pikierhölzchen gestochenes Loch. Dabei achten wir sorgfältig darauf, daß die Wurzeln gut ausgebreitet werden und der Stengel nicht beschädigt wird.

Mit dem Holzstab drücken wir die Erde rundum an, und durch leichtes Angießen sorgen wir dafür, daß Erde und Wurzeln sich gut miteinander verbinden.

Besonders bei sehr zarten Keimpflanzen sollten wir die Arbeit des Pikierens umgehen, indem wir die Sämlinge zunächst »verziehen« (also schwache Sämlinge entfernen und dadurch für größere Abstände sorgen) und sodann eine etwas nahrhaftere Erde so zwischen die Sämlinge bringen, daß ihre Stengel bis zum Keimblattpaar bedeckt sind. Für dieses Verfahren muß natürlich die Saaterde im Glas von vornherein etwas niedriger eingefüllt werden.

Die pikierten Sämlinge sollten in den ersten Tagen nicht zu hell stehen und auch gegen Zugluft geschützt sein. Bald kann dann belüftet und nach erfolgter Abhärtung ausgepflanzt werden.

Auspflanzen und Pflegen

Der Zeitpunkt der Auspflanzung wird vom Zustand der Sämlinge, aber auch vom Wetter bestimmt: Ein trüber Tag ist dafür besser geeignet als strahlendes Sonnenwetter, aber starker Regen und Wind können für die kleinen Pflanzen vorerst noch gefährlich sein. Vielleicht pflanzen wir auch nur einen Teil der Sämlinge aus und lassen die anderen als Reserve für Fehlschläge im Topf.

Bei starker Sonneneinstrahlung während der ersten Tage nach dem Auspflanzen sollten wir die Pflanzen durch lose darübergestreute Grashalme schützen; auch ein paar kleine Steine oder ein Aststück zum Anlehnen können nützlich sein. Wir ahmen damit natürliche Verhältnisse nach, denn in der Natur wachsen die Sämlinge ja meist im Schutz von Steinen oder Pflanzen heran.

Auch im Laufe der weiteren Entwicklung der Wildpflanzen lassen wir uns von der Natur leiten: Draußen gibt es keinen Gärtner, der Pflanzen hochbindet oder Verwelktes abschneidet. Wir lassen die Pflanzen wachsen, wie sie wachsen; sie zeigen uns selbst, ob sie an der Stelle, die wir ihnen zugedacht haben,

Die empfindlichen Sämlinge müssen sehr behutsam behandelt werden – beim Austopfen das Gefäß vorsichtig umstülpen.

ihre charakteristische Gestalt entwickeln können – oder ob wir einen Fehler bei der Platzwahl oder bei der Bodenzusammensetzung gemacht haben, den wir zu korrigieren versuchen müssen.

Was den Boden angeht, so gibt es gerade im kleinen Garten ein großes Problem: Es fehlt der Platz, um all die Zutaten zu stapeln, die in den üblichen Erd-Rezepten vorkommen: Sand, Torf, Kalk, Lehm, Laubkompost und so weiter. Solche Rezepte kommen deshalb in diesem Buch gar nicht erst vor. Statt vorschriftsmäßige Erdmischungen zu erzeugen, müssen wir vielmehr versuchen, von Fall zu

Fall den vorhandenen Boden in die gewünschte Richtung zu verändern. Sand und Kalk sind dabei am wichtigsten – ein kleiner Sandhaufen müßte also irgendwo Platz finden, dazu ein Sack Algenkalk oder gewöhnlicher Hüttenkalk. Wenn wir keinen Lehm haben, können wir das im Handel angebotene Steinmehl verwenden – und unser Komposthaufen muß ausreichen, um alle Bedürfnisse in bezug auf nährstoffreiche Erde zu erfüllen. Oft genügt es, daß im Pflanzloch der richtige Boden ist – man muß also nicht immer gleich große Erdbewegungen veranstalten.

Natürlich wässern wir bei Trockenheit zumindest jene Pflanzen, die nicht ausgesprochene Trockenkünstler sind, und notfalls greifen wir auch behutsam ein, wenn es gilt, Konkurrenzsituationen zu entschärfen. Im übrigen aber sollten die Wildpflanzen in unserem Garten durch die richtige Wahl der Anfangsbedingungen von unserer weiteren Hilfe unabhängig sein.

Vor allem hüten wir uns davor, irgendeine dekorative und saubere »Ordnung« herzustellen. Wir wollen ja nicht unseren Garten adrett mit Wildpflanzen ausstaffieren, sondern wir wollen zusehen, wie sich ihr Leben vor unseren Fenstern aus eigener Kraft und nach den Besonderheiten der verschiedenen Arten entfaltet – und wie es vergeht: Im naturfreundlichen Garten wird Welkes, Abgestorbenes und Schwaches nicht ausgeputzt, sondern es gehört dazu, bis der Wind es wegweht oder bis es verrottet.

In zwei Punkten freilich – die eigentlich schon zum Kapitel über die Vermehrung gehören – müssen wir auf der Hut sein:

Es gibt viele Wildpflanzen, die sich durch Wurzelausläufer sehr rasch vermehren und dann lästig oder für andere Arten gefährlich werden können. Das müssen gar nicht immer die offenkundig robusten Arten sein (wie Giersch oder Huflattich), selbst zarte Ampfer-Arten oder harmlos erscheinende Gräser können auf diese Weise ihre Lebenstüchtigkeit beweisen und, wenn man sie läßt, unausrottbar werden. Wer die eine oder andere dieser Arten dennoch nicht missen will (zum Beispiel, wegen ihrer reizvollen Gestalt, die Zypressenwolfsmilch), der muß versuchen, ihren Ausbreitungsdrang zu zügeln, etwa dadurch, daß er sie in einen Eimer pflanzt, aus dem der Boden herausgeschnitten wurde, und der dann bis zum Rand in die Erde versenkt wurde.

Ein ähnliches Problem kann bei den Pflanzenarten entstehen, die sich gern selbst versamen. Bei manchen von ihnen ist die Zahl der Sämlinge, die plötzlich überall auftauchen, so groß, daß man ihrer kaum mehr Herr wird. Auf diese Weise ist zum Beispiel das eigentlich sehr schöne Behaarte Schaumkraut zu einem Unkraut geworden, das, wenn man es einmal aus einer Baumschule eingeschleppt hat, ein Dauergast in allen Gartenecken bleibt. Wer es, gehackt, als Brotbelag mag, kann höchstens hoffen, es durch fortwährendes Ernten wegzuessen.

Die Vermehrung: vegetativ und durch Samen

Was bei einigen Wildpflanzen-Arten lästig werden kann, ist uns bei anderen hochwillkommen: daß sie sich, vegetativ oder durch Samen, selbst vermehren. Ganz besonders trifft das für ein- oder zweijährige Arten zu, die uns durch zuverlässige Selbstaussaat die Sorge um rechtzeitige Samenernte und Neusaat abnehmen. Dies gilt, um nur ein Beispiel zu nennen, für die Kornrade. Auch bei manchen ausdauernden Arten dürfen wir mit einer ständigen Vergrößerung des Bestandes durch Selbstaussaat rechnen.

Wenn uns an einer solchen Vergrößerung des Bestandes gelegen ist, lassen wir natürlich auch jene Arten gewähren, die sich mehr oder weniger schnell durch Ausläufer, Rhizome, Brutzwiebeln oder auf ähnliche Weise vermehren. Wir greifen nur dann ein, wenn der Platz nicht mehr reicht oder wenn andere Arten bedrängt werden. Bei diesen ausdauernden Pflanzen kann es aber auch nötig werden, für eine Verjüngung zu sorgen, und zwar dann, wenn ein Bestand nach außen weiterwächst, in der Mitte aber überaltert und geschwächt ist. In einem solchen Fall nehmen wir den gesamten Bestand heraus, füllen geeignete Erde auf und suchen uns dann besonders kräftige Stockteile (oder, je nachdem, Rhizome, Knollen . . .) heraus, die wir mit so viel Abstand neu pflanzen, daß sie sich ungehindert entwickeln können.

Dabei denken wir auch daran, daß überzählige Pflanzen für den Tausch bereitgehalten werden können. Vor allem von selteneren Arten sollten wir ein paar Ableger auf einem gesonderten Beet oder in einem Kasten beisammen haben. Wenn wir dafür möglichst junge Pflanzen wählen und diese auch noch in Plastiktöpfe setzen, dann ist der Austausch von Arten nicht mehr auf die eigentliche Pflanzzeit beschränkt, sondern kann jederzeit vor sich gehen.

Wurzelstöcke älterer Pflanzen werden mit einem scharfen Messer geteilt und möglichst durch Einpudern mit gemahlener Holzkohle gegen Fäulnis geschützt.

Wildpflanzensamen ernten und aufbewahren

Bei ein- und zweijährigen Arten müssen wir, um die Vermehrung zu sichern, den Samen ernten. Wenn das nicht rechtzeitig geschieht, kann es sein, daß die betreffende Art vorerst für den Garten verloren ist, bis wir neues Saatgut beschafft haben. Aus diesem Grunde ist es wichtig, von vornherein bei der ersten Aufnahme einer ein- oder zweijährigen Pflanze in den Garten ihren Namen in eine Liste einzutragen, die all jene Arten umfaßt, bei denen wir Samen gewinnen müssen. Sobald dies zum ersten Mal geschehen ist, fügen wir auch den Monat der Fruchtreife hinzu und bekommen so auf die Dauer einen zuverlässigen Kalender, dessen Beachtung uns davor

Glasierrte Blumentopfuntersetzer sind sehr geeignet für die Vorbehandlung und die Aufbewahrung von Samen.

bewahrt, daß sich eine Art ein für allemal verabschiedet. Vor allem in der Urlaubszeit kann es leicht vorkommen, daß wir ohne eine solche Samenliste die eine oder andere Art vergessen.

Das Wichtigste bei der Samenernte ist ein Zettel mit dem Namen der Pflanze: Samen sind schwer unterscheidbar, und selbst des besten Gärtners Gedächtnis reicht nicht aus, um sie auch nach Tagen oder Wochen noch zuverlässig zu identifizieren.

Die Trocknung der Samen soll stets bei milder Wärme, niemals durch zu schnelles Dörren (etwa auf der Heizung) erfolgen. Natürlich kann die Trocknung auf Papierbögen vorgenommen werden, doch braucht man dafür Platz in einem zugluftfreien Raum. Praktischer sind stapelbare Schalen, aus denen nichts hinausfliegen kann und die man nach Bedarf auf geeignete Stellen in der Wohnung verteilen kann. Für die kleineren Mengen, um die es bei uns meistens geht, haben sich die glasierten Tonuntersetzer für Blumentöpfe sehr bewährt: In ihnen kann man die Samen zumindest so lange aufbewahren, bis sie getrocknet und gereinigt sind; anschließend kann man sie in den Schalen lassen und diese aufeinanderstapeln (es bleibt genug Abstand von Boden zu Boden) oder die Samen in Tütchen abfüllen.

Die Reinigung der Samen von anhaftenden Pflanzenteilen nehmen wir vor, indem wir die Körner zunächst vorsichtig zwischen den Fingerspitzen reiben, bis sich Schotenreste und andere Anhängsel gelöst haben; dann versuchen wir, je nach Schwere und Gestalt der Samenkörner, durch leichtes Blasen, durch Schütteln auf einem schräggehaltenen weißen Kartonblatt oder auch mit Hilfe eines Siebes oder einer Pinzette eine möglichst weitgehende Trennung von Samen und Verunreinigungen zu erreichen, da die letzteren Schimmel- und Bakteriensporen tragen.

Samenkörner sind nicht tot, sondern sie atmen. Wenn wir sie in Tütchen aufbewahren, dann sollten diese aus Papier sein, damit die Luft Zutritt hat und keine Kondensfeuchtigkeit entstehen kann, wie dies bei Kunststoffbeuteln der Fall ist. Geeignet sind auch Glasröhrchen. Der Aufbewahrungsraum sollte kühl und trocken sein, damit der Schimmel keine Chancen hat.

Wildpflanzen-Gemeinschaften

Im zweiten Teil des Buches werden natürliche Lebensräume mit charakteristischen Vertretern ihrer Flora vorgestellt und Hinweise gegeben, wie ihre Pflanzung im Garten erfolgen kann.

Die Pflanzenlisten sind keineswegs vollständig: Eine kleine Auswahl bekannter *und* weniger bekannter Arten soll lediglich ein ungefähres Bild von der Eigenart der betreffenden Lebensgemeinschaft vermitteln. Mit Absicht tauchen dabei manche Arten an mehreren Stellen auf; damit soll angedeutet werden, daß viele Pflanzen in unterschiedlichen Lebensräumen gedeihen können und daß unsere Einteilung nur eine grobgerasterte erste Übersicht darstellt; sie orientiert sich an den Ordnungsprinzipien der Pflanzensoziologie, kann aber natürlich nicht deren Genauigkeit haben.

Wer sich darüber detaillierter informieren will, müßte zu einem Lehrbuch der Pflanzensoziologie greifen (→ Seite 72, »Bücher, die weiterhelfen«). Diese Wissenschaft hat sehr eingehend die Gesetzmäßigkeiten erforscht, nach denen sich unter den jeweils verschiedenen Klima- und Bodenbedingungen bestimmte Pflanzengemeinschaften zusammenfinden und im Laufe der Zeit, wiederum nach bestimmten Prinzipien, weiterentwickeln. Eine solche Entwicklung heißt »Sukzession«, und sie gipfelt schließlich in einer über längere Zeiträume stabilen Gemeinschaft (»Klimax«). Zumindest andeutungsweise lassen sich solche Sukzessionen auch im Garten einleiten und beobachten. Wir werden bei mehreren Gelegenheiten darauf zu sprechen kommen.

Es ist also durchaus kein Zufall, wenn wir immer wieder in der Natur auf gleiche oder fast gleiche Nachbarschaften und Vergesellschaftungen stoßen. Je genauer man solche Zusammenhänge kennenlernt, je deutlicher man sie wahrnimmt, um so mehr wird man ein Gespür für die unendliche Vielfalt verborgener Beziehungen zwischen den Lebewesen entwickeln, und um so mehr wird man auch bemüht sein, mit Behutsamkeit und Einfühlung im Garten eine freie Entfaltung solcher Lebens-Weisen zu ermöglichen.

Scharbockskraut und Siebenstern – Pflanzen aus dem Wald

Verschwände der Mensch aus Mitteleuropa (und mit ihm all die Gifte, die jetzt die Existenz des Waldes gefährden), dann wäre das Land zum größten Teil nach einiger Zeit wieder dicht bewaldet – so wie es das war, als man vor zweitausend Jahren begann, durch Rodungen freien Raum für Ackerbau, Dörfer, Straßen und Städte zu schaffen. All unsere landwirtschaftlichen und gärtnerischen Tätigkeiten sind im Grunde nichts anderes als die unablässige Bemühung, zu verhindern, daß sich auf dem Weg über eine natürliche Sukzession wieder ein Wald aufbaut. Wo man ein Stück Land sich selbst überläßt, wächst schon nach wenigen Jahren Gestrüpp, und noch ein paar Jahre später ragen daraus die ersten jungen Bäume empor.

Die Artenzusammensetzung der heute existierenden Wälder ist in den allermeisten Fällen nicht mehr die natürliche, sie wird vielmehr, soweit es die Bodenverhältnisse zulassen, vom Menschen bestimmt; auch ihre weitere Entwicklung wird durch forstliche Eingriffe gesteuert. Manche »Wälder« sind überhaupt von vornherein nichts anderes als Telefonmastenplantagen.

Welcher Wald wo gedeiht, das ist vor allem eine Frage der Bodenfeuchtigkeit und des Nährstoffgehalts. Die Pflanzensoziologen unterscheiden etwa zwei Dutzend großer Gruppen von Waldtypen mit vielen Unterteilungen. Nährstoffarme Böden sind meist sauer und tragen Nadelwälder, nährstoffreiche Böden reagieren eher alkalisch oder neutral und sind geeignete Standorte für verschiedene Typen von Laubmischwäldern, wobei die Buche sehr häufig vertreten ist. Die heutige Verbreitung von Nadelgehölzen beruht übrigens weitgehend auf der Ansiedlung durch Menschen; ihre natürlichen Vorkommen sind vergleichsweise beschränkt.

So vielfältig wie die Waldtypen, so unterschiedlich sind die Pflanzengesellschaften der Krautschicht. Ihre genaue Übertragung in den Garten erscheint um so weniger sinnvoll, als der jeweils zugehörige Waldtyp im Garten nicht nachgeahmt werden kann: Ein Wald im Garten ist ein Widerspruch in sich; die vielfältigen Wechselbeziehungen zwischen Pflanzen und Tieren im Wald bedürfen einer Mindestgröße, die weit über der eines normalen Gartens liegt.

Im Garten kann es also nur darauf ankommen, waldsaumähnliche Situationen zu schaffen oder schattige und halbschattige Bereiche für die Ansiedlung von Waldpflanzen zu nutzen. Unter Sträuchern und Bäumen kann es solche Stellen geben, oft wirft aber auch das Haus einen Schatten, in dem nur dann etwas gedeiht, wenn man Arten auswählt, die auch in der Natur im Schatten leben.

Eine wichtige Gruppe von Waldpflanzen freilich bedarf im Frühjahr der Sonne: die Frühjahrsblüher des Laubwaldes, die die kurze Zeit bis zum Laubaustrieb der Bäume für einen fast im Zeitraffertempo absolvierten Vegetationszyklus nutzen, danach »einziehen« und bis zum nächsten Frühjahr mit Wurzeln, Knollen oder Zwiebeln in der Erde überdauern.

Bei der Pflanzung dieser Arten sollten wir bedenken, daß sie in der Natur oft große Flächen am Waldboden bedecken; auch im Garten finden sich, zum Beispiel unter laubabwerfenden Sträuchern, geeignete Stellen, an denen man sie flächig ansiedeln und ihre Fähigkeit zur schnellen Selbstvermehrung nutzen kann. Gerade im Frühjahr sind die Blütenfarben dieser Arten als größere Farbflächen viel eindrucksvoller, als wenn überall in den Beeten die üblichen »Tuffs« erscheinen.

Frühjahrsblüher des Laubwaldes
Bärlauch *Allium ursinum*
Einbeere *Paris quadrifolia*
Gemeiner Gelbstern *Gagea lutea*
Frühlings-Knotenblume *Leucojum vernum*
Hohler Lerchensporn *Corydalis cava*
Gewöhnliches Moschuskraut *Adoxa moschatellina*
Scharbockskraut *Ranunculus ficaria*
Echte Schlüsselblume *Primula veris*
Schneeglöckchen *Galanthus nivalis*

Auch viele andere Waldpflanzen bilden in der Natur größere zusammenhängende Bestände, doch sind die Pflanzen meist zu groß und die Gärten zu klein, als daß wir es uns leisten könnten, dies auf den Garten zu übertragen. Immerhin sollten wir, wo eben möglich, niedrigen Arten größeren Raum gewähren und dann einige der höheren Arten dazwischenpflanzen – im Gegensatz zu dem üblichen stufenförmigen Aufbau von Staudenbeeten.

Oben: Einbeere *(Paris quadrifolia)*; Vielblütige ▷ Weißwurz *(Polygonatum multiflorum)*; Fruchtstände des Aronstabs *(Arum maculatum)*.
Mitte: Sommer-Adonisröschen *(Adonis aestivalis)*; Schmalblättriges Weidenröschen *(Epilobium angustifolium)*; Gemeine Waldrebe *(Clematis vitalba)*.
Unten: Stinkender Hainsalat *(Aposeris foetida)*; Gemeiner Wolfstrapp *(Lycopus europaeus)*; Osterluzei *(Aristolochia clematitis)*.

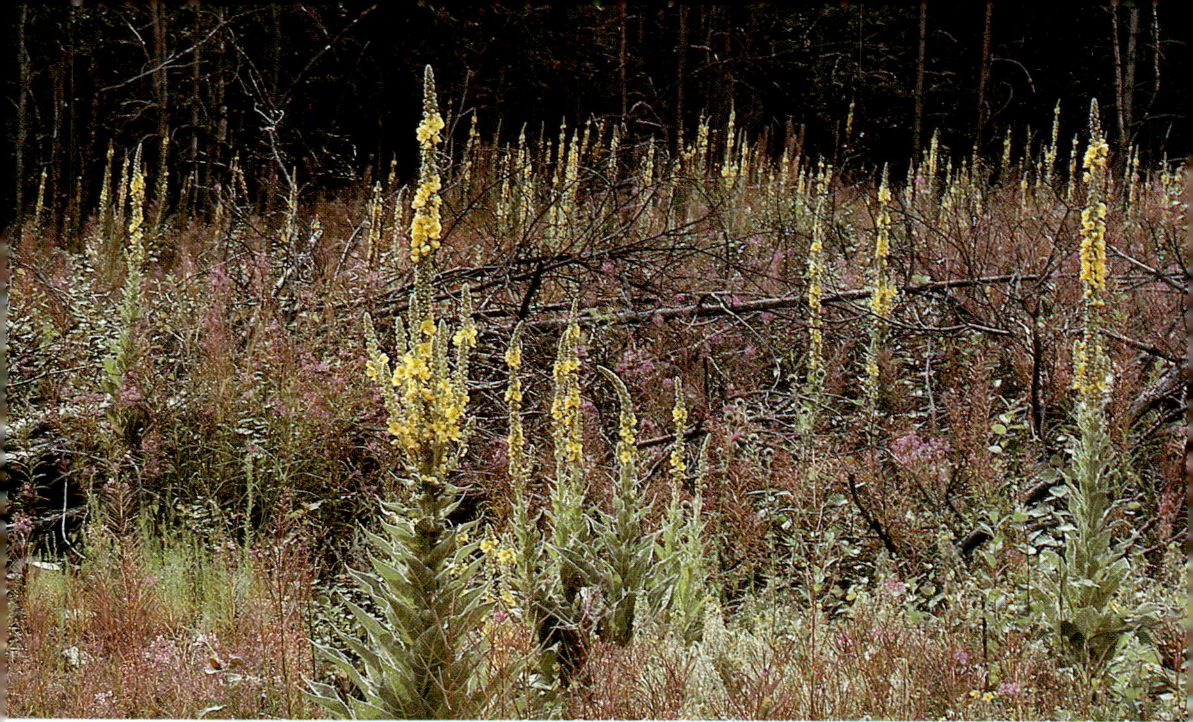

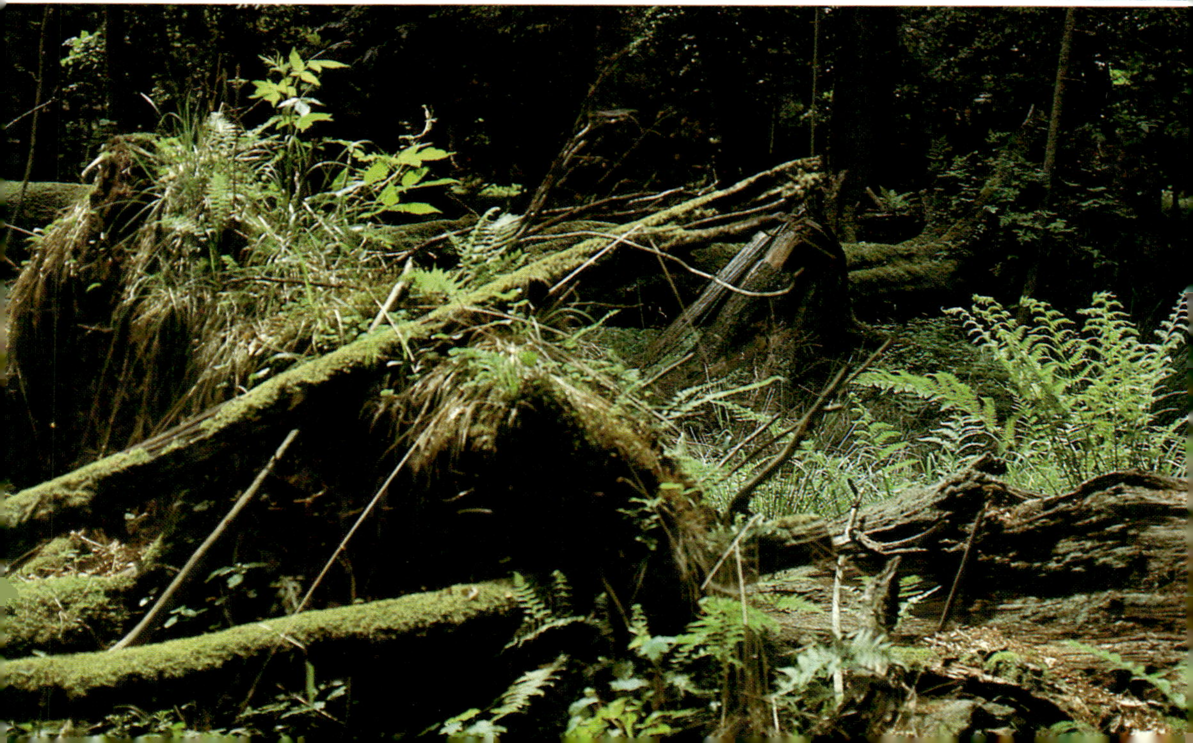

Pflanzen aus dem Wald

Fast alle Waldpflanzen brauchen einen humosen Boden, wie er im Wald durch den alljährlichen Laubfall langsam entsteht, und die meisten brauchen Kalk oder können ihn zumindest vertragen. Wir werden also für die Arten des Laubwaldes die Pflanzstellen tiefgründig lockern und durch Kompostgaben (unter Zusatz von Eierschalen, Algenkalk oder Mörtelbrocken) verbessern. Im übrigen müssen wir natürlich die besonderen Bedürfnisse der einzelnen Arten ermitteln (→ Seite 15) und berücksichtigen. Wenn die Pflanzstelle nahe bei Gehölzen liegt, werden wir bemerken, daß nicht alle Waldpflanzen gleichermaßen der Wurzelkonkurrenz von Bäumen und Sträuchern gewachsen sind. Solche Dinge müssen wir durch sorgfältige Beobachtung früh genug zu erkennen suchen und den Pflanzen dann einen geeigneteren Platz geben.

Pflanzen der Laubwälder
Rauher Alant *Inula hirta*
Echter Baldrian *Valeriana officinalis*
Knotige Braunwurz *Scrophularia nodosa*
Christrose *Helleborus niger* ✚
Geißbart *Aruncus dioicus*
Nesselblättrige Glockenblume *Campanula trachelium*
Kriechender Günsel *Ajuga reptans*
Gundermann *Glechoma hederaceum*
Stinkender Hainsalat *Aposeris foetida*
Haselwurz *Asarum europaeum* ✚
Leberblümchen *Hepatica nobilis*
Geflecktes Lungenkraut *Pulmonaria maculosa*
Maiglöckchen *Convallaria majalis* ✚
Echte Nelkenwurz *Geum urbanum*
Nickendes Perlgras *Melica nutans*
Frühlings-Platterbse *Lathyrus vernus*
Hohe Schlüsselblume *Primula elatior*
Echtes Springkraut *Impatiens noli-tangere*
Ährige Teufelskralle *Phyteuma spicatum*
Tüpfelfarn *Polypodium vulgare*
Türkenbund *Lilium martagon*
Waldmeister *Galium odoratum*
Vielblütige Weißwurz *Polygonatum multiflorum* ✚
Großes Windröschen *Anemone silvestris*
Gewöhnlicher Wurmfarn *Dryopteris filix-mas* ✚
Wald-Ziest *Stachys silvaticus*

◁ Oben: Auf Rodungsflächen findet sich bald die typische »Schlagflora« ein, hier vor allem das Schmalblättrige Weidenröschen und die Großblütige Königskerze *(Verbascum densiflorum)* (→ Seite 34). Unten: Wo am feuchten Waldboden Holz vermodert, wachsen Moose, Farne, Gräser sowie manche Binsen- und Hainsimsen-Arten *(Juncus, Luzula)*. Im Garten kann man eine solche Situation mit dem »Moderplatz« nachahmen (→ Seite 32).

Die Flora der bodensauren Eichenmischwälder und Fichtenwälder ist weniger artenreich als die der Laubmischwälder auf neutralen oder basischen Böden. Nadeln und Eichenlaub verrotten nur sehr langsam, den Pflanzen stehen also keine großen Nährstoffvorräte zur Verfügung. Wenn man einen solchen Boden nachahmen will, braucht man einen durchlässigen, stark sandigen Untergrund und eine magere, torfhaltige Auflage. Vielleicht gelingt es uns auch, ein paar Nachbarn zu finden, die uns ihre Weihnachtsbäume bringen; wir zerschneiden und kompostieren sie und erhalten so nach einem Jahr eine vortreffliche Streu für eine naturnahe Pflanzung der Charakterarten saurer Fichtenwälder und Eichenmischwälder. Nur einige wichtige seien hier genannt.

Pflanzen der sauren Fichtenwälder und der Eichenmischwälder

Salbei-Gamander *Teucrium scorodonia*
Wald-Hainsimse *Luzula silvatica*
Rippenfarn *Blechnum spicant*
Wald-Sauerklee *Oxalis acetosella*
Zweiblättrige Schattenblume *Maianthemum bifolium*
Europäischer Siebenstern *Trientalis europaea*
Rundblättriges Wintergrün *Pyrola rotundifolia*

Gewöhnliches Moschuskraut

Adoxa moschatellina
Eine unscheinbare Pflanze der feuchten Laubwälder, die aber zwei sehenswerte Details aufweist: Die grünlichen Blüten sind in beinahe würfelförmigen Blütenständen angeordnet (vier Blüten sind seitlich gerichtet, die fünfte nach oben), und der kriechende Wurzelstock wächst in eigenartigen spitztütenförmigen Abschnitten. Bald nach der Blüte zieht das Moschuskraut ein. Die welken Blätter duften tatsächlich leicht nach Moschus. Man sollte die Pflanze niemals für sich stellen, sondern zwischen anderen Pflanzen verwildern lassen, möglichst solchen, die erst spät austreiben, wenn das Moschuskraut schon wieder verschwunden ist. Es wächst in jedem Boden, verträgt aber keine andauernde Trockenheit.

Gewöhnliches Moschuskraut, rechts: Blüte

Knotige Braunwurz

Scrophularia nodosa
Der Wurzelstock der Knotigen Braunwurz ist knollig verdickt und galt deshalb früher in der Volksmedizin als Mittel gegen Drüsenschwel-

Knotige Braunwurz, Blütenstand

lungen. An rispenförmigen Blütenständen sitzen zahlreiche kleine braunrote Blüten, die vor allem von Wildbienen besucht werden und, wie die der eng verwandten Königskerze, eine große Menge sehr feiner Samen bilden. Die Knotige Braunwurz ist ausdauernd, liebt feuchten und nährstoffreichen Boden und erfreut im Garten durch ihren dunkelroten Austrieb, durch den regen Insektenbesuch während der langen Blütezeit und durch den straffen Bau der großen Pflanze: Noch im Winter ziehen die mit schönen Samenkapseln besetzten Rispen das Auge auf sich.

Bärlauch

Bärlauch
Allium ursinum
Ein Verwandter der Speisezwiebel und des Knoblauchs, aber mit breiten weichen Blättern, die man als Salat essen kann. Aus jeder Bärlauch-Zwiebel wachsen nur zwei Blätter und ein Schaft, der einen rundlichen Blütenstand aus gestielten weißen Einzelblüten trägt. Der Bärlauch versamt sich reichlich und bildet dann an zusagendem Platz dichte Bestände, die sich schon von weitem durch Knoblauch-

geruch bemerkbar machen. Auch im Garten sollte man ihm die Möglichkeit zur Ausbreitung geben, an einer nicht zu trockenen, halbschattigen Stelle.

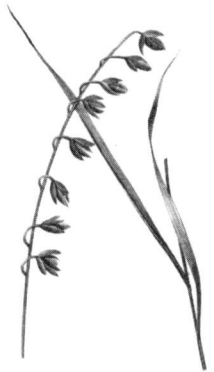

Nickendes Perlgras

Nickendes Perlgras
Melica nutans
Gräser sind oft nicht leicht (und kaum je ohne Lupe) zuverlässig zu bestimmen, was mit ein Grund dafür ist, daß sie für den Wildpflanzengärtner meist eine untergeordnete Rolle spielen. Es lohnt sich aber doch, daß man wenigstens den Versuch macht, in dieses Gebiet einzudringen – und am besten geschieht das auf dem Weg über diejenigen Arten, die leicht schon nach einer Abbildung identifiziert werden können. Das Nickende Perlgras gehört dazu. Wir begegnen ihm oft in Laubwäldern auf Kalkböden und können ihm im Garten ruhig einen sehr schattigen Platz zuweisen, wo es bald einen lockeren Rasen bilden wird und im Mai seine zarten, stets nach einer Seite gewendeten Blütenrispen ausbildet.

Pflanzen auf dem Moderplatz

Wassernabel und Moosglöckchen – Pflanzen auf dem Moderplatz

Wo der Wald für längere Zeit sich selbst überlassen bleibt, da können am Boden »urwald«-ähnliche Verhältnisse entstehen: Totes Holz, Äste und Laub modern im Schatten vor sich hin. Insekten, Würmer, Bakterien, Algen, Pilze und Moose besorgen die mechanische oder chemische Zersetzung, und in dem entstehenden Humusboden können die Samen höherer Pflanzen keimen. Die Vorgänge und Lebensmöglichkeiten des Waldbodens erscheinen hier gewissermaßen in zusammengedrängter Weise. Je nachdem, wie Licht und Feuchtigkeit verteilt sind, bilden sich dabei oft auf sehr kleinem Raum sehr verschiedene Lebensräume aus, und die Veränderungen können sehr schnell vor sich gehen, wenn etwa ein alter Stamm auseinanderbricht oder ein Rinnsal seinen Lauf ändert.

Im Garten läßt sich leicht ein solcher Moderplatz schaffen, weil immer wieder Äste und Wurzeln anfallen, die für den Komposthaufen zu groß sind. Die Gartenecke, die man dafür aussucht, sollte im Schatten oder Halbschatten liegen und mindestens zwei Quadratmeter groß sein – möglichst natürlich noch größer. Ist ein Regenfallrohr in der Nähe, dann können wir das Wasser zum Moderplatz leiten, und zwar so, daß es nichts wegspült, sondern im Bereich des Moderplatzes versickert und für Luftfeuchtigkeit sorgt. Wenn wir nicht schon von vornherein eine windgeschützte Stelle an der Haus- oder Garagenwand gewählt haben, sollten wir durch eine aus Steinen lose geschichtete Mauer in der Hauptwindrichtung etwas Schutz geben, um eine zu schnelle Austrocknung zu vermeiden.

An diesem Platz sammeln wir nun, was immer wir an Ästen, Stammstücken und anderen Holzresten im Garten oder anderwärts finden, auch Wurzelstubben und alte Obstkisten – natürlich nur unbehandeltes, also nicht imprägniertes Holz. Am besten werfen wir es mit geschlossenen Augen auf den Moderplatz, ohne irgendeine Ordnung oder Schichtung, und fügen auch einmal eine Schaufel lehmiger Erde hinzu.

Wenn wir einen solchen Moderplatz sich selbst überlassen, werden wir immer wieder neue Überraschungen erleben; denn vieles, was in diesem dumpf-feuchten Kleinklima gedeiht, siedelt sich von selbst an – als erstes Moose, Holzpilze und schattenliebende Gräser. Die Besiedelung läßt sich beschleunigen durch eine Art »Impfung«: In Wäldern oder Parks findet man angemoderte und verpilzte Holzstücke, alte Laubstreu und Erde, die voll sind von Farn- und Moos-Sporen und die oft auch Samen anderer Pflanzen enthalten.

Nach einer gewissen Zeit des Aufbaues sollten wir neues Material *neben* das alte legen und nicht darauf. Wenn wir den Moderplatz auf solche Weise in die Länge ziehen, werden wir schließlich alle Entwicklungsstufen nebeneinander aufgereiht sehen können.

Wenn das Holz stark zerfallen ist, können wir natürlich auch Waldpflanzen hinzufügen (besonders die säureliebenden, → Seite 30), doch sollte dies sehr behutsam geschehen. Viele Farne gehören hierhin, ferner Schattengräser oder das schöne Moosglöckchen, das an anderen Stellen leicht der Konkurrenz größerer Pflanzen zum Opfer fällt. Wenn es an unserem Moderplatz etwas feucht und nicht zu dunkel ist, gedeiht hier auch der Wassernabel. Natürlich können auch Samen von Gartenpflanzen und Gehölzen in die Moderecke geraten und dort auflaufen. Sobald wir sie identifiziert haben, müssen wir sie entfernen, wenn wir den besonderen Charakter dieses kleinen Gartenteils erhalten wollen. Starkwüchsige Schattenpflanzen können eine solche Ecke schnell erobern und eintönig machen.

Moose und Flechten

Auch die Moose und Flechten gehören zu den »Wildpflanzen« im Garten, und wer sich näher mit ihnen befaßt, wird den besonderen Reiz dieser kleinen und oft übersehenen Pflanzenwesen schätzen lernen.

Die meisten *Moose* bevorzugen ganz bestimmte Standorte, die man nachzuahmen suchen muß, wenn man versuchen will, sie im Garten anzusiedeln: Kalkhaltige Steine, Granit- oder Sandsteinbrocken, morsches Holz, Borke, fester Lehmboden, Sand.

Viele Moose sind in ihrem Bestand gefährdet; wir dürfen also nur sehr kleine Proben und nur von sehr großen Beständen nehmen und müssen uns sehr genau merken, welche Lebensbedingungen (Licht, Feuchtigkeit) am Entnahmeort herrschen.

Die Vermehrung der Moose erfolgt teils vegetativ (ungeschlechtlich), teils geschlechtlich durch Sporen. Wenn die Ansiedlung eines Mooses gelungen ist, können wir damit rechnen, daß der Bestand sich von selbst vergrößert.

Die *Flechten* sind nur schwer im Garten anzusiedeln. Bei ihnen handelt es sich um eine Symbiose aus einer Alge und einem Pilz, und diese fein abgestimmte Verbindung ist überaus empfindlich gegen jede Störung. Die sorgfältige Beobachtung von Borken, Ästen, Steinen und Mauern wird uns aber zeigen, daß manche Arten sich ohne unser Zutun eingefunden haben. Wir sollten sie nicht achtlos (etwa mit altem Holz) vernichten, sondern zu erhalten suchen, denn auch die Flechten sind durch Schadstoffe in der Luft sehr gefährdet, in manchen Gegenden sogar bis auf wenige Arten fast verschwunden.

Nordisches Moosglöckchen

Linnaea borealis

Dieser kleine Zwergstrauch ist sehr selten geworden. Sein dünnes, kriechendes Stämmchen trägt kurze Zweige mit ledrigen, gegenständigen Blättern. Im Juli öffnen sich die an längeren aufrechten Stengeln meist zu zweit sitzenden glöckchenförmigen Blüten, die leicht rosa schimmern. Das Moosglöckchen braucht Platz, um sich locker nach allen Seiten ausbreiten zu können; es gedeiht am besten in saurem Boden, ist aber doch sehr anpassungsfähig, wenn es ihm nicht an Feuchtigkeit mangelt.

Den Namen »Linnaea« erhielt die Pflanze zu Ehren des großen schwedischen Forschers Carl von Linné (1707–1778), der die wissenschaftliche Botanik begründet und die »binäre Nomenklatur« (→ Seite 12) eingeführt hat.

Nordisches Moosglöckchen

Fingerhut und Weidenröschen –
Pflanzen vom Schlag

Der Schlag ist das sonnige, trockenere Gegenstück zum Moderplatz: Auch hier verrotten Holzreste, Äste und Rinde, und zwar meist auf dem rohen Boden der Kahlfläche, die durch Windbruch oder Abholzung entstanden ist. Im warmen und geschützten Kleinklima der Lichtung zersetzen sich große Mengen organischen Materials ziemlich schnell und bilden eine nährstoffreiche, meist kalkarme oder saure Humusschicht, auf der sich bald die typischen Schlagpflanzen ansiedeln:

Roter Fingerhut *Digitalis purpurea* ✚
Behaartes Johanniskraut *Hypericum hirsutum*
Behaarte Karde *Dipsacus pilosus*
Hain-Klette *Arcticum nemorosum*
Großblütige Königskerze *Verbascum densiflorum*
Wald-Kreuzkraut *Senecio silvaticus*
Schmalblättriges Weidenröschen *Epilobium angustifolium*

Es finden sich aber auch – eher zufällig – die Samen solcher Pflanzen ein, die in der näheren Umgebung vorkommen, Arten des Waldsaums, die ein größeres Lichtbedürfnis haben als die Arten des tiefen Waldes. Das Vegetationsbild eines Schlages kann demnach sehr vielfältig und unterschiedlich sein. Nur im großen Garten auf einem hinreichend weiträumigen Areal läßt sich die Situation des Schlages nachahmen: Den Boden müßten wir grob umbrechen, vielleicht mit einer ganz dünnen Kompostlage versehen und mit Laub, Reisig, Holz- und Rindenresten lose abdecken. Dazwischen pflanzen oder säen wir dann typische Schlagpflanzen oder Saumpflanzen.

Wir müssen uns aber darüber klar sein, daß die Schlagflora eine Übergangsgesellschaft ist. Nur wenn wir die natürliche Sukzession unterbinden, können wir das charakteristische Bild des Schlages erhalten. Das bedeutet: Entfernung aller zufällig sich einfindenden Gartenstauden, Ausstechen von Gehölzsämlingen und von zu mächtig werdenden Gräser-Horsten, partienweise Wiederherstellung des Rohzustandes durch Umgraben und durch Ausbringen unzersetzten organischen Materials. Im natürlichen Schlag (der freilich als menschengemachte Störung ganz so »natürlich« auch wieder nicht ist) wachsen schon bald Sträucher heran, und wenn keine weiteren forstlichen Eingriffe erfolgen, werden sich schließlich einzelne Baumsämlinge nach oben durchkämpfen und die Schlagflora wieder verdrängen.
Der Schlag im Garten, wo man diese Entwicklung verhindert, ist letztlich doch ein »Beet«, auf dem man, wie auf anderen Gartenbeeten, durch Eingriffe immer wieder die für die Pflanzen zuträgliche Umwelt herstellen muß.

Großblütige Königskerze
Verbascum densiflorum

Über zwei Meter hoch kann diese Pflanze werden, wenn sie sonnig und frei steht und einen nährstoffreichen, lockeren Kalkboden hat. Sie ist überall dicht filzig behaart, und ihre Blätter laufen schmal am Stengel herab, so daß dieser wie geflügelt aussieht. Es gibt noch mehrere andere, zum Teil sehr ähnliche Arten der Königskerze und zwischen diesen zahlreiche Bastarde. Alle Königskerzen sind zweijährig, bilden also im ersten Jahr aus dem Samen eine Grundrosette, aus der sich im nächsten Jahr der Blütenstand erhebt. Nicht nur auf Kahlschlägen, sondern auch auf anderen offenen Standorten wie Schotterflächen oder Wegrändern sind die Königskerzen zu finden; nur an solchen Plätzen kann der überaus feine Same keimen.

Großblütige Königskerze, rechts: Blütenstand

Behaartes Johanniskraut
Hypericum hirsutum

Stengel und Blätter dieser ausdauernden Schlagpflanze sind dicht und weich behaart, im Gegensatz zu dem eng verwandten Echten Johanniskraut *(Hypericum perforatum)*, dem es sonst sehr ähnlich ist – auch darin, daß seine Blätter in der Durchsicht zahllose kleine helle Punkte zeigen: An diesen Stellen liegen die Drüsen, die das Johanniskraut-Öl enthalten, das auch heute noch mit Olivenöl ausgezogen und als Hausmittel bei Magen- und Gallenbeschwerden und zur Wundbehandlung verwendet wird.

Behaartes Johanniskraut, Blütenstand

Die neun verschiedenen Johanniskraut-Arten, die es bei uns gibt, bilden ein schönes Beispiel dafür, wie eine gar nicht besonders artenreiche Gattung sich praktisch alle verfügbaren Lebensräume erobert: Die neun Arten haben völlig verschiedene Bedürfnisse in bezug auf Licht, Bodenfeuchtigkeit, Bodenreaktion und Nährstoffreichtum – worauf man natürlich bei der Ansiedlung im Garten achten muß. Der Name Johanniskraut bezieht sich übrigens auf den Johannistag (24. Juni); um diese Zeit erblühen die schönen gelben Rispen.

Aronstab und Heckenkerbel –
Pflanzen in und unter der Hecke

Die Hecke ist ein vom Menschen geschaffener Biotop. Wo es ihn in der freien Landschaft noch gibt, finden sich darin vor allem die Pflanzen des Waldsaumes und die Frühjahrsblüher des Laubwaldes zusammen. In den letzten Jahrzehnten sind die Hecken, die der Abtrennung und dem Windschutz dienten, weithin der Mechanisierung der Landwirtschaft zum Opfer gebracht worden. Solcher »Heckenfrevel« ist nicht minder verwerflich als der »Baumfrevel«, denn in der waldarmen Kulturlandschaft hat die Hecke vielfältige Funktionen, vor allem als geschützter, von Störungen ziemlich unbehelligter Lebensraum für Vögel, Kleinsäugetiere und Insekten. Die Hecke ist eine Art Miniatur-Wald, und selbst im kleinsten Garten läßt sie sich als »Wald-Ersatz« ohne Schwierigkeiten verwirklichen – mindestens an der Grundstücksgrenze (hinter dem Zaun oder sogar anstelle eines Zauns), aber auch im Inneren des Gartens zur Abtrennung einzelner Gartenräume.

Eine Heckenpflanzung kann jede beliebige und für den ihr zugedachten Platz und Zweck erwünschte Größe haben. Durch die Wahl der Gehölze und durch eventuelles Beschneiden (früher knickte man die Triebe mit der Hand um, deshalb auch die Bezeichnung »Knick« für Hecke) lassen sich Höhe und Breite verändern, wenn das aus Platzgründen nötig ist. Eine freiwachsende Hecke von weniger als zwei Meter Breite wird man, zumindest auf die Dauer der Jahre, gelegentlich stutzen und in längeren Abständen »auf den Stock setzen«, das heißt, bis auf Kniehöhe herunterschneiden müssen, um sie zu verjüngen; am besten geschieht dies abschnittweise, damit Bild und Funktion der Hecke wenigstens teilweise erhalten bleiben.

Exakt in Form gehaltene Hecken, insbesondere solche aus immergrünen Gehölzen, dulden kaum Pflanzenleben unter sich, sind also für unsere Absicht der Ansiedlung von Wildpflanzen völlig unbrauchbar.

Andererseits ist der oft mit der Hecke erstrebte Sichtschutz im Winter nur dann gegeben, wenn solche Gehölze (Ilex, Taxus, Liguster) wenigstens zwischen die laubabwerfenden Sträucher gepflanzt werden.

Die modische Verfemung nicht einheimischer »Ziersträucher«, die oft als Sichtschutzgehölze in Gartenhecken verwendet werden, ist ungerechtfertigt. Von einigen Ausnahmen abgesehen sind auch die Ziergehölze vollwertige Heckenpflanzen, oft mit Blüten oder Früchten, die für Schmetterlinge, Vögel und andere Tiere nicht minder wertvoll sind als die Blüten und Früchte einheimischer Gehölze.

Freilich spricht auch nichts dagegen, den einheimischen Gehölzarten der Feldhecke wieder mehr Raum im Garten zu geben, da sie draußen immer seltener werden. Nur für sehr große Gärten eignen sich Brombeeren, Weißdorn und Schlehe. In kleineren Gärten ist Platz für Wildrosen, Hasel und Hartriegel. Hainbuche und Rotbuche können sehr groß werden, vertragen aber auch jeden Schnitt. Die Aufzählung läßt schon ahnen, daß eine Beschränkung auf diese »klassischen« Heckengehölze im Bereich städtischer oder vorstädtischer Klein-Gärten eher eintönig wirken müßte.

Oben: Blühender Schlehdorn *(Prunus spinosa)* in einer freiwachsenden Hecke. ▷
Unten: Frühjahrsblüher am Waldboden bilden oft große und dichte Bestände; links: Bärlauch *(Allium ursinum)*; rechts: Wald-Goldstern *(Gagea lutea)* und Leberblümchen *(Hepatica nobilis)*.

Pflanzen in und unter der Hecke

Im übrigen aber hängt der ökologische Wert einer Hecke am wenigsten von der Wahl der Gehölzarten ab. Viel wichtiger ist es, daß wir im Bodenbereich eine freie Entfaltung und Selbstregulierung der Pflanzen zulassen. Die Vielfalt vor allem des tierischen Lebens kann sich nur entwickeln, wenn sie nicht durch irgendwelche »Ordnungs«-Maßnahmen beeinflußt wird.

An den Boden stellen die Heckengehölze keine besonderen Ansprüche. Noch der dichteste Boden wird durch das Wurzelwerk der Sträucher aufgelockert und noch der ärmste Boden erfährt eine Nährstoffanreicherung, weil sich unter der Hecke binnen kurzem ein mildes Kleinklima entwickelt und ständig organisches Material anfällt und umgesetzt wird.

Eine besonders günstige Form ist die »Wallhecke«, also eine erhöht angelegte Heckenpflanzung. Durch den (wenige Dezimeter bis zu einem Meter hohen) Wall erhalten wir auf der Sonnenseite einen gut belichteten Hang, der sich schnell erwärmt, auf der sonnenabgewandten Seite windgeschützte schattige Pflanzflächen. Allerdings ist ein Wall auch stärker der Austrocknung unterworfen – um so wichtiger ist es, daß wir ihn nicht zu schmal machen.

◁ Oben: Fettwiese mit Roter Lichtnelke *(Silene dioica)*, Scharfem Hahnenfuß *(Ranunculus acer)* und Samenständen des Gemeinen Löwenzahns *(Taraxacum officinale)*.
Unten links: Nasse Wiese mit Kuckucks-Lichtnelke *(Lychnis flos-cuculi)*, Fleischfarbenem Knabenkraut *(Dactylorhiza incarnata)* und Breitblättrigem Wollgras *(Eriophorum latifolium)*; unten rechts: Halbtrockenrasen mit Karthäuser-Nelke *(Dianthus carthusianorum)* und Wiesen-Salbei *(Salvia pratensis)*.

Diese allgemeinen Andeutungen mögen genügen. Die Anlage von Hecken ist nicht das Thema unseres Büchleins, und im übrigen ist auch in dieser Sache das eigene Experimentieren weit reizvoller und belehrender als die Befolgung irgendwelcher Pflanzpläne.

Uns geht es hier um die Begleitpflanzen der Hecke. Zu diesen gehören auch Schlinggewächse, die man in den Gärten nie, in der Natur hingegen oft in Hecken antrifft. Überwältigend kann zum Beispiel der Anblick der Gemeinen Waldrebe *(Clematis vitalba)* wirken, wenn sie mit dichten Decken eine Hecke überspannt. Der Hopfen *(Humulus lupulus)* erfreut uns durch seine schönen Früchte und läßt sich durch rechtzeitiges Beschneiden leicht daran hindern, allzu beherrschend zu werden. Das Wald-Geißblatt *(Lonicera periclymenum)* trägt nicht umsonst auch den Namen »Heckenkirsche«: Seine Früchte sind im Herbst überraschend und zierend, seine Blüten im Frühsommer ein duftender Schmuck der Hecke. Mindestens an *einer* Stelle der Hecke sollten wir eines dieser Schlinggewächse ansiedeln.

Im Unterwuchs einer Hecke stellt sich vieles von selbst ein, was hier gedeihen kann und jedenfalls so lange gedeiht, wie sich nicht durch das weitere Wachstum der Hecke die Umweltbedingungen entscheidend ändern. Eingriffe sind nur nötig, wenn ganz »unpassende« Gartenpflanzen unter der Hecke keimen, oder wenn sich robuste Schattenspezialisten wie der Giersch *(Aegopodium podagraria)* einfinden – sie können alle anderen Arten binnen kurzem völlig verdrängen.

Selbstverständlich kann man den Bereich unter der Hecke bewußt und planmäßig als geeignete Pflanzstelle für Waldpflanzen nutzen. Man kann sich aber auch darauf beschränken, nur eine »Starthilfe« für den Unterwuchs zu geben, indem man einige der besonders geeigneten Arten ansiedelt und in der ersten Zeit darauf achtet, daß sie nicht von robusteren Konkurrenten behindert werden. Sehr gut eignen sich für die Heckenunterpflanzung alle Frühjahrsblüher des Laubwaldes (→ Seite 26).

Pflanzen für die Hecke

Gemeine Akelei *Aquilegia vulgaris* ✚
Gefleckter Aronstab *Arum maculatum* ✚
Wiesen-Bärenklau, Heckenkerbel *Heracleum sphondylium*
Wald-Erdbeere *Fragaria vesca*
Großes Hexenkraut *Circaea lutetiana*
Echtes Johanniskraut *Hypericum perforatum*
Wiesen-Labkraut *Galium mollugo*
Kleiner Odermennig *Agrimonia eupatoria*
Osterluzei *Aristolochia clematitis* ✚
Weiße Schwalbenwurz *Cynanchum vincetoxicum* ✚
Echte Sternmiere *Stellaria holostea*
Echtes Tausendgüldenkraut *Centaurium minus*
Rotbeerige Zaunrübe *Bryonia dioica* ✚

Aronstab

Aronstab

Arum maculatum

Die Blüten des Aronstabs sind unsichtbar. Was man für die Blüte hält, ist in Wirklichkeit ein Hochblatt und ein Kolben, der durch seinen Aasgeruch Insekten anlockt; diese fallen in den »Kessel« des Hochblatts, und in diesem Kessel liegen die männlichen und weiblichen Blüten versteckt. Ein Borstenkranz aus verkümmerten Blüten läßt die Insekten zwar in den Kessel eindringen, versperrt ihnen aber den Rückweg; erst wenn die Bestäubung erfolgt ist, erschlaffen die Borsten und geben den Insekten den Weg wieder frei. Hochblatt und Kolben verwelken bald, und im September bricht aus der welken Hülle der Fruchtstand hervor, eine Keule aus scharlachrot leuchtenden Beeren. Der Aronstab liebt kalkhaltigen, frischen Boden, verträgt tiefen Schatten und entwickelt im Lauf der Jahre schöne dauerhafte Bestände.

Wiesen-Bärenklau

Heracleum sphondylium

Wie der Name andeutet, kommt diese Pflanze in Wiesen vor – aber in manchen Gegenden heißt sie auch »Heckenkerbel«, weil sie sich selbst zwischen Gebüsch noch durchzusetzen vermag, ähnlich dem eng verwandten »Herkuleskraut« *(Heracleum mantegazzianum)*, mit dem sie allerdings in der Größe nicht konkurrieren kann. Die Wiesen-Bärenklau ist ausdauernd, wird bis zwei Meter hoch und bildet zahlreiche Variationen, die sich vor allem durch die Farbe der Blütenblätter und durch die Gestalt der Randblüten unterscheiden. Eindrucksvoll ist die Bärenklau nicht nur durch die großen Blütendolden und gelappten Blätter, sondern auch durch die bauchig aufgetriebenen Blattscheiden; es ist Jahr für Jahr faszinierend zu sehen, wie aus dieser hellen Hülle binnen weniger Tage ein riesiges Blatt zum Vorschein kommt.

Pflanzen in und unter der Hecke

Wiesen-Bärenklau, Blütenstand

wandt. Immer wieder taucht die Frage auf, ob man in Gärten, in denen auch Kinder leben, auf solche Giftpflanzen verzichten sollte. Im Sinne eines verständigen Umgangs mit der Natur erscheint es mir richtiger (und letzten Endes auch sicherer), die Kinder eindringlich darauf hinzuweisen, daß es viele giftige Pflanzen und Früchte gibt, und daß man nur essen darf, was man wirklich ganz genau kennt. Wollte man alle Giftpflanzen aus dem Garten verbannen, so wäre kein Ende abzusehen: Stechpalme und Pfaffenhütchen, Seidelbast und Nachtschatten, Schneeball, Efeu und Liguster und viele, viele andere sind giftig, und selbst von ein paar rohen Bohnen kann man ziemlich krank werden.

Rotbeerige Zaunrübe
Bryonia dioica
Mit spiraligen Ranken klettert die Rotbeerige Zaunrübe meterhoch in Hecken und Bäume, überspinnt sie manchmal mit vielen Trieben, die aus einer rübenförmig verdickten und von Jahr zu Jahr an Umfang zunehmenden Wurzel entspringen. Auch wenn die Rotbeerige Zaunrübe im kleinen Garten auf die Dauer lästig werden kann, sollte man sie ein paar Jahre gewähren lassen, um dann die Wurzel vorsichtig auszugraben: Der Anblick des riesigen Wurzelstocks lohnt den Aufwand, und man kann sich dann leicht vorstellen, daß diese Wurzeln früher gern als Ersatz für die teuren Alraunen verwendet wurden. Die Rotbeerige Zaunrübe ist zweihäusig, weibliche und männliche Blüten sitzen also auf verschiedenen Pflanzen.
Die Rotbeerige Zaunrübe ist außerordentlich giftig, wurde aber früher in der Volksmedizin (und wird noch heute in der Homöopathie) als Abführmittel und gegen Rheuma ver-

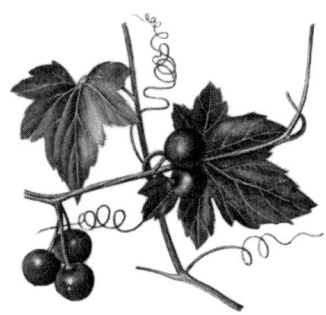

Rotbeerige Zaunrübe

Von den Problemen des Heidegartens

Erica –
Von den Problemen des Heidegartens

In unseren Breiten ist die Heide fast immer eine vom Menschen geschaffene Landschaftsform. Sie entstand durch weiträumige Abholzung von Wäldern und behielt ihren Charakter durch regelmäßige Beweidung und durch Nutzung für Stallstreu und Brennstoff. In dem nährstoffarmen, sauren Sandboden kommen wenig Bäume auf (am ehesten Wacholder und Birke), und auch an Blütenpflanzen bietet die typische Heide recht wenig.

Wenn trotzdem immer wieder versucht wird, gerade diesen Biotop auf den Garten zu übertragen, so hängt dies wohl mit der besonderen Stimmung zusammen, die ein Gang durch die Heide vermittelt. Wir müssen uns aber klarmachen, daß diese Wirkung auf der Weiträumigkeit der Heideflächen beruht, und gerade diese ist im Garten nicht zu erreichen. Ein Heidegarten ist – wenn es sich nicht um eine große Anlage in einem Park handelt – eine kaum erträgliche Verkleinerung, er ähnelt eher einer Grabstätte als einer wirklichen Heide.

Zweierlei kommt noch hinzu:

● Zur Herstellung eines für den Heidegarten geeigneten Untergrundes bedarf es immenser Mengen von Torf. Torf aber gehört ins Moor. Unsere letzten Moore werden derzeit ausgeplündert und enden in Balkonkästen und Gärten. An dieser Ausbeutung sollten sich gerade die Freunde der Wildpflanzen nicht beteiligen, denn mit den Mooren verschwinden schöne und seltene Pflanzen, die nirgendwo sonst überleben können.

● Was noch gegen die Anlage von Heidegärten spricht, ist die Notwendigkeit von Pflegemaßnahmen, die der früheren Beweidung und Reisiggewinnung entsprechen: Sie sind nur schwer auf wirkungsvolle Weise zu bewerkstelligen. Das Heidekraut verholzt und verkahlt dann von unten her. Die traurigen besenartigen Gestalten, die so entstehen, können wir als abschreckende Beispiele in manchem Vorgarten besichtigen, dessen Besitzer besser daran täten, wenigstens über das Heidekraut zu laufen, damit es sich wieder neu bewurzeln und verjüngen kann.

Schließlich sollte uns auch der Gedanke, daß wir mit einem Heidegarten eine große besonnte Fläche verplanen, die besser für andere Zwecke genutzt werden kann (zum Beispiel für einen Kalktrockenrasen, → Seite 43), davon abhalten, den Traum vom stimmungsvollen Heidegarten in die Tat umzusetzen.

Wer dennoch auf die Pflanzen der Heide nicht ganz verzichten will, mag an einem sonnigen Platz eine kleine Beispielsammlung anlegen. Der Boden sollte tiefgründig mit Torf angereichert werden und arm an Nährstoffen sein. Für gleichbleibende Feuchtigkeit muß gesorgt werden. Dann gedeihen dort zum Beispiel:

Gemeine Bärentraube *Arctostaphylos uva-ursi*
Echte Glockenheide *Erica tetralix*
Frühlings-Glockenheide *Erica carnea*
Polei-Gränke *Andromeda polifolia* ✚
Heidekraut, Besenheide *Calluna vulgaris*
Heidelbeere, Blaubeere *Vaccinium myrtillus*
Sumpf-Porst *Ledum palustre* ✚
Preiselbeere *Vaccinium vitis-idaea*

Wiesenknopf und Silberdistel –
Pflanzen des Kalktrockenrasens

Wo Niederschläge schnell in einem durchlässigen Untergrund versickern oder an steilen Hängen abfließen, und wo Baumbewuchs abgeholzt oder sein Aufkommen durch Beweidung verhindert wird, da entstehen die Trockenrasen, vor allem auf dem Untergrund klüftigen Kalkgesteins in sonnigen Lagen.

Der Kalktrockenrasen ist nur einer von vielen Rasen- und Wiesentypen – einen anderen besprechen wir im Kapitel über die Wiese (→ Seite 46). Neben Gräsern, die an einem so extremen Standort überdauern können, enthält die Trockenrasen-Gesellschaft viele besonders schöne und besonders seltene Blütenpflanzen und stellt einen kaum ersetzbaren Lebensraum für eine unübersehbare Zahl von Spinnen, Käfern, Hautflüglern und anderen Tieren dar.

Viele Trockenrasen-Standorte sind ein für allemal verlorengegangen, entweder dadurch, daß die Beweidung aufgegeben wurde, oder dadurch, daß man den (erfolglosen) Versuch einer »Bodenverbesserung« durch tiefgründige Bearbeitung und Düngung unternahm. Die Wiederherstellung solcher Biotope ist so gut wie unmöglich (im Gegensatz zu den Feuchtgebieten), so daß Bemühungen zum Schutz des Kalktrockenrasens mindestens so dringlich sind wie die weit populäreren Anstrengungen zum Schutz der Feuchtgebiete.

Die wichtigste Voraussetzung für die Anlage eines Trockenrasens im Garten oder für die Anpflanzung der charakteristischen Arten dieses Biotops ist eine voll besonnte, möglichst nach Süden geneigte Hangfläche, unter der eine hinreichend mächtige Kalkschotterlage für zuverlässigen Wasserabzug sorgt. Die Schicht muß mindestens einige Dezimeter mächtig sein, damit sich nicht andere Pflanzen ansiedeln können, deren Wurzeln durch den Schotter hindurch ins feuchtere Erdreich vorstoßen. Die dünne Bodenauflage muß arm an Nährstoffen sein. Für den Schotteruntergrund ist Bauschutt hervorragend geeignet.

Im Frühjahr erwärmt sich der Trockenrasen sehr schnell, die Samen der einjährigen Pflanzen keimen früh aus. Problematisch ist der Winter, vor allem dann, wenn kein Schnee liegt und Barfröste den im Boden ausdauernden Pflanzen zusetzen. Dann ist mit manchen Ausfällen zu rechnen – mit ein Grund dafür, daß der Trockenrasen nicht zu klein sein sollte: Mit der Größe der Fläche erhöht sich die Wahrscheinlichkeit, daß wenigstens einzelne Individuen der hier angepflanzten Arten überdauern. Eine ganz leichte Abdeckung (etwa mit Reisig), die aber im Frühjahr beizeiten wieder abgeräumt werden muß, kann die Schäden vermindern helfen, und grober Schutt kann ein schützendes Mikroklima bewirken. Wichtig ist auch, daß (als »Ersatz« für die fehlende Beweidung) abgestorbene Pflanzenteile stets entfernt werden, damit der Boden sich nicht mit Nährstoffen anreichert.

Höher werdende Pflanzen sollten wir möglichst einzeln oder in sehr kleinen Inseln zwischen größere Flächen flachwachsender Arten setzen; auch dies dient dazu, Nährstoffanreicherung zu vermeiden – und im übrigen hat es den Vorteil, daß der Trockenrasen um so besser auch begangen werden kann – er gedeiht am kräftigsten, wenn er tatsächlich begangen wird! Noch besser ist es, wenn er gelegentlich von Kaninchen oder Meerschweinchen beweidet werden kann.

Pflanzen des Kalktrockenrasens
Kahles Bruchkraut *Herniaria glabra*
Ähriger Ehrenpreis *Veronica spicata*
Frühlings-Fingerkraut *Potentilla tabernae-montani*
Skabiosen-Flockenblume *Centaurea scabiosa*
Kleines Habichtskraut *Hieracium pilosella*
Knolliger Hahnenfuß *Ranunculus bulbosus* ✚
Dornige Hauhechel *Ononis spinosa*
Rot-Klee *Trifolium pratense*
Violette Königskerze *Verbascum phoeniceum*
Stengellose Kratzdistel *Cirsium acaulon*
Echte Küchenschelle *Pulsatilla vulgaris* ✚
Echtes Labkraut *Galium verum*
Feld-Mannstreu *Eryngium campestre*
Scharfer Mauerpfeffer *Sedum acre*
Karthäuser-Nelke *Dianthus carthusianorum*
Gemeiner Odermennig *Agrimonia eupatoria*
Gelbscheidiges Pfriemgras *Stipa pulcherrima*
Zwiebel-Rispengras *Poa bulbosa*
Wiesen-Salbei *Salvia pratensis*
Echte Schlüsselblume *Primula veris*
Blau-Schwingel *Festuca cinerea*
Sichelklee *Medicago falcata*
Silberdistel *Carlina acaulis*
Gemeines Sonnenröschen *Helianthemum nummularium*
Gemeiner Thymian *Thymus pulegioides*
Aufrechte Trespe *Bromus erectus*
Wermut *Artemisia absinthium*
Kleiner Wiesenknopf *Sanguisorba minor*
Zypressen-Wolfsmilch *Euphorbia cyparissias* ✚
Wundklee *Anthyllis vulneraria*

Wermut
Artemisia absinthium
In den ersten Jahren ist der Wermut krautig und überwintert nur mit einer Blattrosette, später verholzt er und kann sehr alt werden. Seine heilsame Wirkung auf Magen und Darm wird auch heute noch genutzt, dagegen ist die Herstellung von Absinthlikören verboten, weil das ätherische Öl, auf dem der würzige Duft der Pflanze beruht, giftig ist. Im Wermutwein ist dieses Öl nicht enthalten, wohl aber die Bitterstoffe, die Magen, Leber und Galle anregen.
Im Garten muß der Wermutstrauch sonnig und trocken in kalkhaltigem Boden stehen. Alle paar Jahre kann man mit Hilfe von Stecklingen im Frühjahr eine neue Pflanze heranziehen, wenn die alte zu groß wird oder zu stark verholzt ist. Übrigens sind fast alle Arten der Gattung Artemisia sehr aromatisch – Estragon und Beifuß gehören dazu.

Wermut, Blütenkopf und Stengelabschnitt

Kleiner Wiesenknopf
Sanguisorba minor
Unter dem Namen »Pimpinelle« wird der Kleine Wiesenknopf als Würzkraut verwendet, früher auch gegen Durchfall und innere Blutungen. Sein Geschmack ist nicht sehr bemerkenswert, aber die feingesägten Fiederblättchen sehen im Salat hübsch aus. Auf einem trockenen, kalkreichen Standort hält der Kleine Wiesenknopf mehrere Jahre aus, ver-

Kleiner Wiesenknopf,
rechts: Blütenstand

samt sich aber gern, so daß es besser ist, ältere Pflanzen wegzunehmen, ehe sie sparrig werden und verfallen. Es gibt zwei Unterarten, deren eine *(ssp. minor)* einheimisch ist und ungeflügelte Früchte hat, während die andere *(ssp. muricata)* aus dem Mittelmeergebiet eingeschleppt worden ist und geflügelte Früchte hat. Den Blüten fehlen die Blütenblätter, der Blütenkopf enthält unten männliche und oben weibliche, dazwischen zwittrige Blüten.

Kleines Habichtskraut
Hieracium pilosella
Ein paar Pflanzengattungen sind so arten- und formenreich, daß eine genaue Bestimmung sehr große Schwierigkeiten bereitet; die Gattung *Hieracium* steht da an erster Stelle. In einer älteren Flora ist zu lesen: »Wegen der zahllosen Unterarten, Varietäten und Formen kann eine genaue Bekanntschaft der zu dieser Gattung gehörenden Spezies nur durch ein langjähriges Studium gewonnen werden.« Hinzu kommt noch, daß die Habichtskräuter gern untereinander bastardieren. Das sollte niemanden abhalten, sich im Garten mit diesen anspruchslosen, aber zum Teil sehr reizvollen Korbblütlern zu befassen, nur sollte man sich in diesem Fall mit einer groben Bestimmung begnügen. Erstaunlich genug, daß es das gibt: eine einzelne Pflanzengattung, die, während andere Gattungen unverändert bleiben, unentwegt immer neue Formen, Abwandlungen und Vermischungen hervorbringt. Das Phänomen allein ist mir Grund genug, wenigstens einige Stellvertreter der großen Formenfülle im Garten zu hegen.
Das Kleine Habichtskraut ist unter anderem daran kenntlich, daß es besonders viele Ausläufer ausbildet, und daß seine Blätter unterseits weißfilzig sind. Ein Tee aus diesen Blättern ist wegen der darin enthaltenen Gerb- und Bitterstoffe heilsam bei Entzündungen des Mund- und Rachenraumes und soll auch bei Magen- und Darmbeschwerden helfen.

Kleines Habichtskraut

Mädesüß und Frauenmantel – Pflanzen für die Wiese im Garten

Die Wiese ist in den letzten Jahren zum Inbegriff des »Natürlichen« im Garten geworden. Dabei ist der größte Teil der Wiesen in der Kulturlandschaft keineswegs natürlich, sondern vom Menschen geschaffen, und der Artenbestand der »Blumen« ist durch unterschiedliche Weisen der Mahd oder Beweidung zustandegekommen.

Die verbreitetsten Wiesentypen brauchen einen nicht zu nährstoffreichen und »frischen«, das heißt gut mit Feuchtigkeit versorgten Boden, der niemals ganz austrocknet. Je häufiger eine Wiese gemäht oder je intensiver sie abgeweidet wird, um so stärker ist der Anteil niedrigbleibender Pflanzen (Klee, Wegerich, Hahnenfuß, Gänseblümchen); je seltener sie gemäht wird, um so mehr können sich die höher werdenden Arten auf Kosten der niedrigen durchsetzen.

Die Wiese im Garten ist zunächst einmal eine Platzfrage: Eine zu kleine Wiese wirkt schlechthin lächerlich, hundert Quadratmeter erscheinen mir als die unterste Grenze. Mit der Größe hängt auch das Problem der Benutzbarkeit zusammen: Nur wenn eine Wiese sehr groß ist, kann man es sich leisten, sie zeitweise und teilweise durch Begehen, Spielen und andere Nutzung niederzutreten – eine kleine Wiese sähe dann nur noch trostlos aus.

Nicht das geringste aller Wiesen-Probleme ist das Mähen: Mit einem normalen Rasenmäher ist da nichts auszurichten, weil man mit einem solchen, bei ein- oder zweimaligem Mähen im Jahr, die hohen Gräser und Pflanzen nicht zu fassen bekommt. Rasenmäher, die sich für Wiesen eignen, sind groß und teuer (Balkenmäher) – und mit einer Sense kann und mag nicht jeder umgehen. Das Mähen mit einer (Hand- oder Motor-)Heckenschere ist möglich, aber mühsam, weil es in der Hocke geschehen muß.

Der Traum von der Blumenwiese im Garten läßt sich nur dann einigermaßen erfolgreich verwirklichen, wenn man genügend Platz hat und wenn man für das Problem des Mähens eine praktikable Lösung findet.

Für die Anlage einer Wiese gibt es verschiedene Rezepte, deren jedes seine Vor- und Nachteile hat.

● Am einfachsten ist es, wenn man den bisherigen Rasen so läßt wie er ist und nur darauf verzichtet, ihn zu düngen und das »Unkraut« zu entfernen. Wenn man ihn dann mäht wie zuvor, jedoch die Mähhöhe so hoch einstellt wie es der Mäher erlaubt, dann wird sich der Rasen nach und nach mit niedrigbleibenden Pflanzen durchsetzen und entspricht bald einer intensiv beweideten Wiese, auf der die Weidetiere für eine Selektion der Arten sorgen. Führt man das Mähgut ab, dann wird der Rasen »ausmagern«, wodurch die Gräser zurückgedrängt und Blütenpflanzen begünstigt werden. Mit einem großen Artenreichtum können wir freilich bei dieser Methode nicht rechnen – leider aber mit Pflanzen wie dem Weiß-Klee oder dem Fadenförmigen Ehrenpreis, die imstande sind, fast alle Konkurrenten niederzukämpfen.

● Die nächste Stufe wäre der oft empfohlene Versuch, quadratmetergroße Teile des Rasens umzugraben und dort Wiesenpflanzen auszusäen oder in größeren Tuffs auszupflanzen. Wenn man diese Teile dann nur noch ein- oder zweimal im Jahr mit Sense oder Heckenschere mäht, wird man sich eine Zeitlang an den ausgebrachten Pflanzen erfreuen können. Doch sind die Gräser-Arten unserer Rasenmischungen besonders kräftig und wuchsfreudig, so daß sie solche Inseln schon in zwei Jahren völlig wieder zurückerobert haben können. Dieser Vorgang läßt sich zwar hemmen, indem man den Rasen fortan nicht mehr düngt – dennoch ist diese unzureichende »Fleckerl«-Methode am wenigsten zu empfehlen.

● Eine richtige Neuanlage macht natürlich die meiste Arbeit, bringt aber auch am sichersten Erfolg. Wo ein Hausgarten gerade erst entsteht, ist meist schon eine wichtige Voraussetzung für eine gute Wiese gegeben: frisch aufgeschütteter, nicht zu nährstoffreicher Boden, der nur wenn er lehmig ist, zur Durchlüftung eine reichliche Beimengung von scharfem Sand braucht (mindestens 1 Kubikmeter Sand auf 20 Quadratmeter, locker eingearbeitet).

Wenn ein Rasen schon vorhanden ist, müssen wir die Oberfläche abschälen. Die (etwa 10 cm starken) Soden ergeben einen guten Kompost oder können als Grundlage für eine Wallhecke (→ Seite 39) aufgestapelt werden. Der Boden darunter ist oft verdichtet, muß also ebenfalls gründlich mit Sand durchgearbeitet werden. Auch eine leichte Kalkung ist nützlich.

Ein Zuviel an Sand kann übrigens niemals schaden, ein Zuwenig läßt sich später nur durch eine völlige Neuanlage korrigieren.

Mit dem so vorbereiteten Boden können wir nun auf zweierlei Weise weiter verfahren:

Wir können den Boden völlig sich selbst überlassen und abwarten, welche Pionierpflanzen sich von selbst ansiedeln und dann einer im Laufe der Jahre wechselnden Flora weichen. Wir mähen nur einmal im Jahr. Wenn dies im Juni geschieht, begünstigen wir die niedrigeren Pflanzen und können die Wiese auch leichter betreten und benutzen. Wenn wir im Herbst mähen, bekommen wir einen Artenbestand, der vor allem höher werdende Pflanzen enthält. Eine solche Wiese entspricht den »Streuwiesen«, deren Mähgut einmal im Jahr zur Verwendung im Stall abgeführt wird.

Bei einem sehr durchlässigen Untergrund ähnelt unsere Wiese dem Kalktrockenrasen (→ Seite 43).

Da die Wiese im Garten von Stauden und Gehölzen umstanden ist, kann es leicht sein, daß deren Samen anfliegen. Wir müssen die Sämlinge entfernen, wenn wir verhindern wollen, daß unsere Wiese sich zu einem Mischmasch ohne eigenen Charakter oder gar zu einem Gebüsch entwickelt. Wir haben ja mit unserem Verfahren eine »Sukzession« (→ Seite 25) eingeleitet, eine selbsttätige Besiedlung und Entwicklung (bei der sich übrigens die Gräser von selber einstellen); nun müssen wir dafür sorgen, daß diese Sukzession auf der Stufe der Wiese stehenbleibt.

Die Stationen einer Sukzession genau zu beobachten, ist immer sehr fesselnd, und man sollte sie mindestens viermal im Jahr fotografisch festhalten: Nach einigen Jahren werden wir stolz sein auf eine Wiese, die wir freilich nicht selbst gemacht, sondern eigentlich nur zugelassen haben.

Wenn es uns an Geduld mangelt, können wir in den offenen Boden eine Wiesenblumen-Mischung einsäen. Die Aussaat kann von Ende März bis Ende Mai oder im August/September erfolgen. Viele der in der Mischung enthaltenen Arten werden sich für den jeweiligen Standort nicht eignen – sie verabschieden sich dann von selber.

Wenn wir überhaupt eine kombinierte Gras/Blumensamen-Mischung einsäen, dann sollten wir von den Grassamen nur etwa ein Zehntel der angegebenen Menge nehmen. Gräser siedeln sich von selber an.

Der Vorteil dieser Methode besteht darin, daß wir gleich von Anfang an eine buntere Artenmischung haben als bei der Selbstbesiedlung, und daß diese Arten nicht zu sehr von den

Pflanzen für die Wiese im Garten

Gräsern bedrängt werden. Durch Zwischenpflanzung von Zwiebelpflanzen können wir die Wiese noch bereichern, doch sollten wir, da es uns ja um die Wildpflanzen geht, weise Beschränkung üben und nur wenige, möglichst einheimische Arten wählen, keinesfalls Gartenzüchtungen.

Im übrigen gelten die schon genannten Regeln: Keine Düngung, ein- oder zweimaliges Mähen im Jahr, Abführen des Mähgutes, Entfernen von Stauden- und Gehölzsämlingen. Auch einige Wurzelunkräuter (Giersch, Ampfer, Huflattich) können gefährlich werden, weil sie dazu neigen und fähig sind, andere Pflanzen flächig zu überwuchern.

Wenn wir einzelne Wiesenpflanzen besonders hegen, aber doch nicht auf ein gesondertes Beet pflanzen wollen, sollten wir einen Randstreifen der Wiese von Gräsern freihalten (eventuell mit Hilfe einer eingegrabenen Rasenkante aus Steinen oder Kunststoff) und jene Arten dort ansiedeln. Wenn sie kräftig genug sind, und wenn die Bedingungen ihnen zusagen, werden sie von selbst in die Wiese einwandern, andernfalls haben sie am Wiesensaum einen durchaus »natürlichen« Standort und bedürfen nur einer gewissen Aufmerksamkeit, damit sie nicht von Gräsern erstickt werden.

Pflanzen der Wiesen
Großer Sauer-Ampfer *Rumex acetosa*
Wiesen-Bärenklau *Heracleum sphondylium*
Gemeiner Beinwell *Symphytum officinale*
Wiesen-Flockenblume *Centaurea jacea*
Gemeiner Frauenmantel *Alchemilla vulgaris*
Gänseblümchen *Bellis perennis*
Gemeiner Gilbweiderich *Lysimachia vulgaris*
Kriechender Hahnenfuß *Ranunculus repens*
Wiesen-Kerbel *Anthriscus sylvestris*
Rot-Klee *Trifolium pratense*
Wiesen-Knäuelgras *Dactylis glomerata*
Wiesen-Knöterich *Polygonum bistorta*
Kuckucks-Lichtnelke *Lychnis flos-cuculi*
Gemeiner Löwenzahn *Taraxacum officinale*
Ausdauernder Lolch *Lolium perenne*
Echtes Mädesüß *Filipendula ulmaria*
Wiesen-Platterbse *Lathyrus pratensis*
Wiesen-Rispengras *Poa pratensis*
Gemeine Schafgarbe *Achillea millefolium*
Wiesen-Schaumkraut *Cardamine pratensis*
Wiesen-Storchschnabel *Geranium pratense*
Vogel-Wicke *Vicia cracca*
Acker-Witwenblume *Knautia arvensis*
Herbst-Zeitlose *Colchicum autumnale* ✚

Gemeiner Beinwell
Symphytum officinale

Eine Charakterpflanze feuchter Wiesen, rauh behaart, mit röhrig verwachsenen Kronblättern, violett oder gelblichweiß blühend. Der Beinwell ist ausdauernd, sein Wurzelstock und seine Blätter enthalten mehrere Stoffe, die ihn pharmazeutisch bedeutsam machen, vor allem durch entzündungshemmende, abschwellende Heilwirkung. Der Name Beinwell rührt von der früheren Verwendung bei Knochenbrüchen her. Eine eng verwandte Art, der Comfrey *(S. asperum),* wird als Futterpflanze und im biologischen Gartenbau genutzt, während der Gemeine Beinwell vom Vieh meist verschmäht wird. Im Garten gedeiht der Beinwell an jedem nicht zu trockenen Standort, selbst in tiefem Schatten.

Gemeiner Beinwell, Blütenstand

Gemeiner Frauenmantel
Alchemilla vulgaris

Die Gattung Alchemilla ist sehr arten- und formenreich. Leicht zu unterscheiden sind nur die beiden Hauptgruppen: Bei der einen sind die Grundblätter fast oder ganz bis zum Stielansatz fingerförmig geteilt und unterseits dicht

Gemeiner Frauenmantel, Blütenstand und Blüte

silbrig behaart (vor allem: Alpen-Frauenmantel, *A. alpina*), bei der anderen sind sie höchstens bis zur Hälfte geteilt und kaum oder gar nicht behaart. Zur letzten Gruppe gehört der in Wiesen häufige Gemeine Frauenmantel. In der Volksmedizin hat die Pflanze eine große Rolle bei der Behandlung von Frauenleiden gespielt. Bei feuchtem Wetter vermögen die Blätter einen Wasserüberschuß in Tröpfchenform abzuscheiden; dann sind die Blattspitzen mit Wasserperlen besetzt. Den Blüten fehlen die Kronblätter, die Blütenfarbe rührt von den gelblichen Kelchblättern her. Die Formenvielfalt des Frauenmantels hängt damit zusammen, daß der Pollen steril ist, der Same aber trotzdem keimfähig ist, das heißt, daß jede einmal entstandene Abwandlung wie bei einer Stecklingsvermehrung erhalten bleibt.

Pestwurz und Fieberklee –
Pflanzen aus Sumpf und Röhricht

Alle stehenden und fließenden Gewässer neigen zur Verlandung. Das heißt: Vom Ufer her versuchen bestimmte, dafür besonders befähigte Pflanzenarten so weit wie möglich zum offenen Wasser hin vorzudringen; zwischen ihnen fängt sich abgestorbenes organisches Material und bildet eine immer mächtiger werdende Schicht, die schließlich den Wasserspiegel überragt. Je nachdem, um welche Art von Gewässer es sich handelt und wie weit der Vorgang fortgeschritten ist, sieht auch diese Verlandungszone anders aus: Röhricht, Sumpf, Flachmoor, Bruch (mit Übergängen zum Auwald); auch durch Quellwasser im Wald- oder Wiesenboden können sumpfige oder moorige Biotope entstehen – alle mit einer charakteristischen eigenen Pflanzenwelt. Durch Grundwasserabsenkungen und andere »Regulierungs«-Maßnahmen sind viele dieser Gebiete verschwunden oder gefährdet. Dies ist nicht nur der Pflanzen wegen beklagenswert, sondern auch wegen der Bedeutung solcher Bereiche als Brutstätten für Vögel und als angestammte Lebensräume zahlloser Insekten (zum Beispiel Libellen) und der wenigen Amphibien, die es bei uns noch gibt. Freilich sollte man bedenken, daß die Verlandung ein natürlicher ökologischer Vorgang ist. Wo es gelingt, ihn behutsam zu verlangsamen oder zu verhindern, da bedeutet dies zwar eine Rettung natürlicher Lebensräume, zugleich aber auch einen gezielten »künstlichen« Eingriff in einen gesetzmäßigen ökologischen Ablauf.

Die Nachahmung sumpfiger Biotope im Garten ist nicht sehr schwierig. Frösche, Libellen und andere Tiere können sich freilich nur dann einstellen, wenn sie irgendwo in der näheren Umgebung noch vorkommen. Wenn unser Garten in dichtbesiedeltem Gebiet liegt, dürfen wir uns in dieser Hinsicht kaum Hoffnungen machen.

Das Sumpfbeet muß in einem sonnigen, möglichst windgeschützten Teil des Gartens liegen und darf nicht zu klein sein, weil sonst zu schnell eine lebensfeindliche Faulschlammbildung überhand nimmt. Aus dem gleichen Grunde ist eine Mindesttiefe von etwa 40 cm erforderlich. Wenn wir durch eine Ableitung aus dem Regenfallrohr für gelegentlichen Zufluß frischen Wassers sorgen können, kommt es nicht auf eine absolut wasserdichte Auskleidung des Sumpfbeetes an; notfalls genügt festgestampfter Lehm. Die Dachdecker haben heute sehr starke Folien, die weit billiger sind als die üblichen Teichfolien und die jedenfalls für das Sumpfbeet völlig ausreichen.

Oft wird empfohlen, bei der Anlage eines Gartenteiches den Uferbereich so zu modellieren, daß eine Sumpfzone mit niedrigem Wasserstand entsteht. Das erlaubt eine naturnahe Bepflanzung nach dem Vorbild der Verlandungszone. Der Nachteil ist aber, daß man dann die offene Wasserfläche nur noch schwer erreichen kann und Mühe hat, im Wasserbereich die stets nötigen Arbeiten des Auslichtens und Entschlammens durchzuführen. Je kleinräumiger und differenzierter eine kombinierte Sumpf-Wasser-Anlage geplant und gebaut wird, um so schneller werden die Pflanzen sich über die vorgegebenen Grenzen hinwegsetzen und die Planung zunichtemachen. Wer einen sehr großen Teich hat, dem mag es gelingen, am Rande die Pflanzen von Sumpf und Röhricht so anzusiedeln, daß die Lebensräume ineinander übergehen und ihre Pflanzen einander nicht stören. Wer nur wenig Platz zur Verfügung hat, tut besser daran, Sumpf und Wasser zu trennen. Im Kapitel über Teich und Tümpel (→ Seite 53) wird von diesem Problem noch einmal die Rede sein.

Pflanzen aus Sumpf und Röhricht

Sehr geeignet für Sumpfpflanzen sind die Mörtelkübel, die man in Baugeschäften für etwa 20 Mark kaufen kann. Sie sind 40 cm tief, haben einen Durchmesser von 60 cm und reichen meist für zwei bis vier Pflanzenarten aus. Man kann die Kübel an einer sonnigen Stelle des Gartens aufstellen und mit Pflanzen oder Steinen umkleiden, man kann sie auch ganz oder teilweise eingraben. Das Material ist frostfest, es sind also keinerlei Sicherungsmaßnahmen für den Winter nötig.

Solche Kübel sollte man vor allem dann verwenden, wenn man viele verschiedene Arten mit unterschiedlichen Ansprüchen an Boden und Wasserstand hegen will. Die meisten Sumpfpflanzen brauchen ein saures Substrat, also eine Mischung von viel Torf mit wenig Sand und Lehm. Niemals sollte man die Pflanzerde für Teiche, Sumpfbeete oder Kübel düngen, denn gerade hier erfolgt eine ständige Zufuhr von Nährstoffen durch herabfallende und verrottende Pflanzenteile, durch Würmer, Schnecken und andere Wassertiere. Wir müssen im Gegenteil dafür sorgen, daß der Boden niemals zu nährstoffreich wird: Alle zwei oder drei Jahre muß ein Teil des Substrats entnommen und dafür Sand nachgefüllt werden.

Für Sumpfpflanzen, die basischen Boden brauchen, nehmen wir Kalkschutt, alten Mörtel (auch mit Steinbrocken vermischt) oder notfalls zerstampfte Eierschalen, dazu wieder einen geringen Anteil Sand und Lehm. Auf die genaue Rezeptur kommt es dabei gar nicht an.

Der Wasserstand über dem Sumpfboden darf wechseln; fast alle Sumpfpflanzen sind in dieser Hinsicht sehr anpassungsfähig – nur die völlige Austrocknung muß vermieden werden.

Pflanzen der eher sauren Sumpfböden

Viele dieser Arten sind gegenüber der Bodenreaktion indifferent, gedeihen also auch in basischen Sumpfböden.

Flatter-Binse *Juncus effusus*
Sumpf-Blutauge *Potentilla palustris*
Sumpf-Dotterblume *Caltha palustris*
Strauß-Felberich *Lysimachia thyrsiflora*
Sumpf-Fieberklee *Menyanthes trifoliata*
Gemeiner Froschlöffel *Alisma plantago-aquatica*
Sumpf-Helmkraut *Scutellaria galericulata*
Ästiger Igelkolben *Sparganium erectum*
Breitblättriger Rohrkolben *Typha latifolia*
Sumpf-Schachtelhalm *Equisetum palustre*
Bitteres Schaumkraut *Cardamine amara*
Doldige Schwanenblume *Butomus umbellatus*
Wasser-Schwertlilie *Iris pseudacorus*
Grüne Teichsimse *Scirpus lacustris*
Sumpf-Vergißmeinnicht *Myosotis palustris*
Wassernabel *Hydrocotyle vulgaris*
Wasserschierling *Cicuta virosa* ✚
Sumpf-Wasserstern *Callitriche palustris*
Gemeiner Wolfstrapp *Lycopus europaeus*
Dreiteiliger Zweizahn *Bidens tripartitus*

Pflanzen der basischen (kalkhaltigen) Sumpfböden

Echte Brunnenkresse *Nasturtium officinale*
Bachbungen-Ehrenpreis *Veronica beccabunga*
Sumpf-Herzblatt *Parnassia palustris*
Kalmus *Acorus calamus*
Wasser-Minze *Mentha aquatica*
Gemeine Pestwurz *Petasites hybridus*
Pfeilkraut *Sagittaria sagittifolia*
Gemeines Schilf *Phragmites australis*
Wasser-Schwaden *Glyceria maxima*
Kelch-Simsenlilie *Tofieldia calyculata*
Blut-Weiderich *Lythrum salicaria*

Echte Brunnenkresse
Nasturtium officinale
Wo sie einigermaßen sauberes und möglichst
manchmal leicht fließendes flaches Wasser
vorfindet, da gedeiht die Brunnenkresse sehr
üppig und kann ständig abgeerntet werden.
Den Samen kann man kaufen, weil die Brunnenkresse oft in Schalen als Würzgemüse kultiviert wird. Ursprünglich aber ist sie eine
Wildpflanze, deren Verbreitung freilich durch
die Wasserverschmutzung immer mehr abnimmt. Im Sumpfbeet gezogen, entfaltet die
Brunnenkresse den zusätzlichen Reiz ihrer
reinweißen Blüten, die den Wasserspiegel oft
weit überragen.

Echte Brunnenkresse

Ästiger Igelkolben
Sparganium erectum
Die ästigen Blütenstände, die weibliche und
männliche Blütenköpfchen getrennt tragen,
machen den Igelkolben zu einer auffällig bi-
zarren Pflanzengestalt. Die Frucht ist ein
Steinkern, der von schwammigem Frucht-
fleisch umgeben ist, so daß er nach der Reife

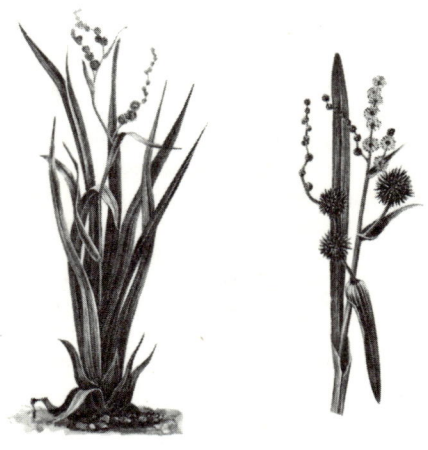

*Ästiger Igelkolben,
rechts: Blütenstand*

zunächst auf dem Wasser schwimmt. Erst im
nächsten Frühjahr saugt sich das Schwammge-
webe voll Wasser, der Kern sinkt unter und
keimt auf dem Schlammboden aus. Die derben, am Grunde dreikantigen Blätter stehen
straff aufrecht, während sie bei anderen Igel-
kolben-Arten weicher sind und unter Wasser
fluten.

Krebsschere und Tannenwedel –
Pflanzen für Tümpel, Teich und Graben

Ungezählte Tümpel, Teiche und Gräben, wie sie früher allenthalben anzutreffen waren, sind trockengelegt, verlandet, zerstört, andere durch Überdüngung so sehr mit Stickstoff angereichert, daß nur noch ein paar Spezialisten unter den höheren Pflanzen darin überdauern können. Viele Tierarten, deren Existenz vom Vorhandensein solcher Tümpel abhängig ist, sind ausgerottet oder in ihrem Bestand schwer gefährdet.

Durch Gartentümpel ist das Verschwinden dieser ebenso schönen wie wichtigen Biotope nicht wettzumachen. Doch bringt schon die kleinste Wasserstelle Lebendigkeit in den Garten, lockt Vögel und Insekten an, wirkt allein schon durch das Wasser selber und seine Bewegung, und ermöglicht die meist problemlose Hege einer ganzen Reihe reizvoller Wildpflanzen. Der Tümpel im Garten rettet nicht die Natur, aber er rettet uns ein Stück Natur. Wenn wir nicht einen »Fertigteich« aus Kunststoff wählen, sondern einen »richtigen« Teich bauen wollen, etwa mit Hilfe von Teichfolien oder ungebrannten Tonziegeln, dann müssen wir mit großer Umsicht zu Werke gehen, damit Enttäuschungen vermieden werden. Im Rahmen dieses Buches ist es nicht möglich, die Details dieser Arbeiten zu besprechen (dazu: Hartmut Wilke, Der Naturteich im Garten, Gräfe und Unzer Verlag, München). Auch hier sei aber noch einmal auf die schon erwähnten Mörtelkübel hingewiesen, die gerade für den kleinen Garten vorteilhaft sind, weil man sie beliebig an geeigneten Stellen »einbauen« kann. Für die Zusammensetzung der Erde, die man in die Kübel gibt, gilt das auf Seite 51 Gesagte. Die Höhe des Wasserstandes läßt sich in den Kübeln leicht den Bedürfnissen der jeweiligen Pflanzen anpassen.

Auch in den Wasserkübeln muß jede Überdüngung vermieden und der Boden von Zeit zu Zeit teilweise gegen Sand oder Lehm ausgetauscht werden. Ferner müssen wir darauf achten, daß die oft sehr wüchsigen und mit Rhizomen wuchernden Wasserpflanzen stets so ausgedünnt werden, daß sie sich frei entfalten können.

Fische gehören weder in Gartentümpel noch in solche Kübel: Sie ernähren sich von eben jenen Larven und Tieren, denen wir in unseren Kleingewässern ein Refugium geben wollen, und ihre Ausscheidungen führen unweigerlich zu einer Überdüngung mit Stickstoff. In der Regel reichen die Niederschläge aus, um den Verdunstungsverlust auszugleichen. Wenn das nicht der Fall ist, müssen wir auffüllen – möglichst mit Wasser aus der Regentonne.

Wenn sich trotz Nährstoffarmut Algen bilden, so ist dies etwas ganz Natürliches, hemmt auch die wenigsten Pflanzen, sondern behindert höchstens den erwünschten Blick in kristallklares Wasser – aber ein Tümpel ist kein Schwimmbad! Das Algenproblem lösen wir am einfachsten dadurch, daß wir es als unlösbar betrachten und allenfalls mit einem aus Fliegendraht gebastelten Flachsieb einen Teil der Fadenalgen immer wieder abfischen.

Eine mögliche Alternative zum Gartenteich ist der *Graben*. Vor allem im kleinen Garten wirkt seine langgestreckte, schmale Form weniger verspielt als ein Teich in Ei- oder Nierenform. Der Graben läßt sich als Grenzlinie zum Nachbargrundstück führen, oder auch entlang einer Wallhecke (→ Seite 39), deren Wall wir mit dem Aushub des Grabens aufbauen können. Die Anlage eines Grabens mit Folie ist weit einfacher als die Herstellung eines Teiches; je nachdem, wie lang und breit der Graben ist, genügt es sogar, eine entsprechend große Folie einzulegen, ohne daß geschweißt oder geklebt werden müßte.

Für die Ansiedlung von Wildpflanzen hat der Graben den Vorteil, daß wir viele verschiedene Arten *neben*einander auspflanzen können, ohne daß diese sich, wie beim kleinen Teich, in der Mitte zu einer unentwirrbaren Pflanzenmasse verfilzen. Schließlich läßt sich der Graben leicht durch Dämme aus Mauersteinen in Bereiche verschiedener Tiefe einteilen, und ein Teil des Grabens kann auch, indem man entsprechend viel Erde einfüllt, als Sumpfbeet angelegt werden.

Wenn der Graben in der Nähe eines Regenfallrohrs liegt, sollten wir es so einrichten, daß das Regenwasser in den Graben läuft und damit eine ständige Erneuerung des Wassers stattfindet; auch die Algenbildung wird dadurch zumindest verringert.

Gerade an dieser Stelle scheint es mir angebracht, noch einmal zu betonen, daß es bei der Schaffung möglichst naturnaher Verhältnisse im Garten nicht darauf ankommen kann, ausgeklügelte Baupläne sklavisch zu befolgen, sondern darauf, daß wir mit Phantasie die jeweils gegebenen Umstände nutzen und durch Ausprobieren und Verändern schließlich Lösungen finden, die genau den Möglichkeiten und Wünschen, der Zahl der Pflanzenarten und deren Bedürfnissen entsprechen.

Was immer wir an Grundformen und Ordnungen durch unsere Planungen vorgeben – es verschwindet schließlich unter der Gestaltenfülle der Pflanzen selber. Wirklich »falsch« kann etwas nur sein, wenn wir den Pflanzen nicht den Raum, das Licht und den Boden gegeben haben, der ihnen zuträglich ist.

Auch beim Wassergraben ist das Experimentieren weit reizvoller als die Befolgung von »Rezepten«: Der Graben kann sehr breit oder nur schmal sein, er kann steil abfallende oder sanft geneigte Seitenwände haben, er kann gerade sein oder einen Winkel bilden, er kann lang sein oder kurz – und wenn er kurz ist,

dann können wir ihn jederzeit verlängern – im Gegensatz zum Teich, dessen Form bei der Anlage ein für allemal festgelegt wird.

Pflanzen für Tümpel und Graben

Froschbiß *Hydrocharis morsus-ranae*
Wasser-Hahnenfuß *Ranunculus aquatilis* ✚
Rauhes Hornblatt *Ceratophyllum demersum*
Wasser-Knöterich *Polygonum amphibium*
Krebsschere *Stratiotes aloides*
Schwimmendes Laichkraut *Potamogeton natans*
Radblättrige Seekanne *Nymphoides peltata*
Weiße Seerose *Nymphaea alba*
Gewöhnlicher Tannenwedel *Hippuris vulgaris*
Ährenblütiges Tausendblatt *Myriophyllum spicatum*
Gemeiner Wasserschlauch *Utricularia vulgaris*
Wasserfenchel *Oenanthe aquatica* ✚
Sumpf-Wasserfeder *Hottonia palustris*

Oben: Auf Ödland, dessen ursprüngliche Pflanzendecke zerstört wurde, siedeln sich »Ruderalpflanzen« an (→ Seite 60), hier vor allem die Kanadische Goldrute *(Solidago canadensis)*; im Vordergrund Reste der alten Ackerbegleitflora, unter anderem Klatsch-Mohn.
Unten: Fieberklee *(Menyanthes trifoliata)* und Sumpf-Dotterblume *(Caltha palustris)* an einem Bachlauf.

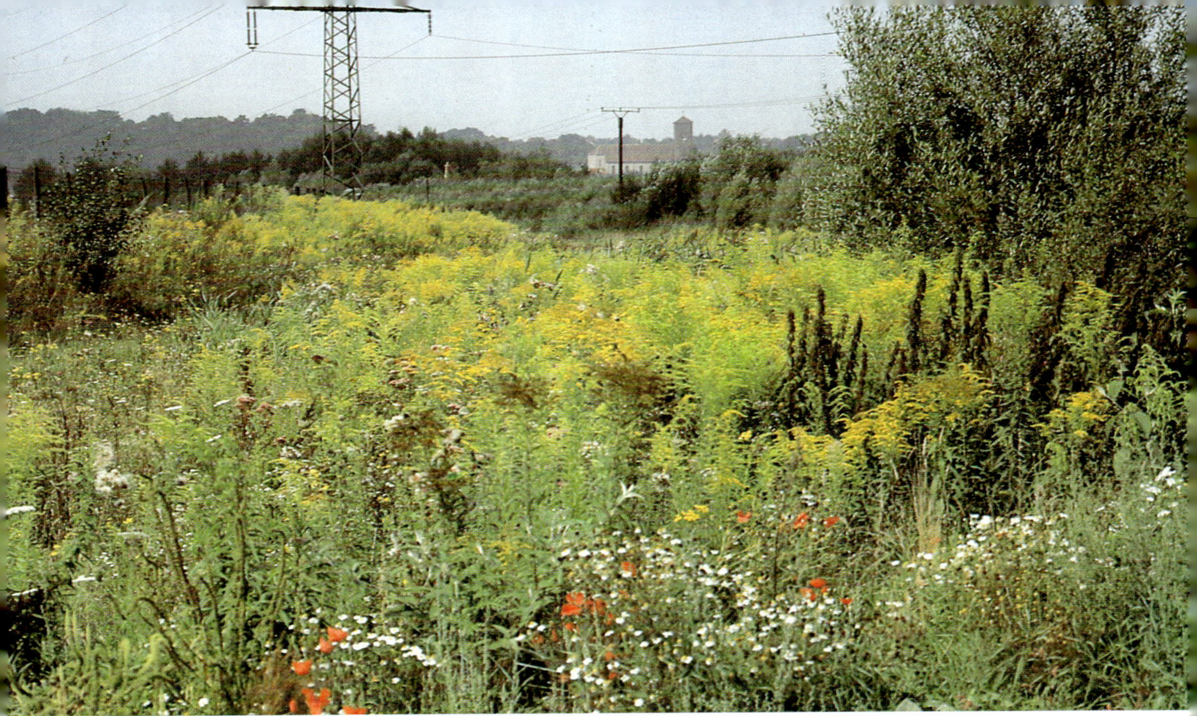
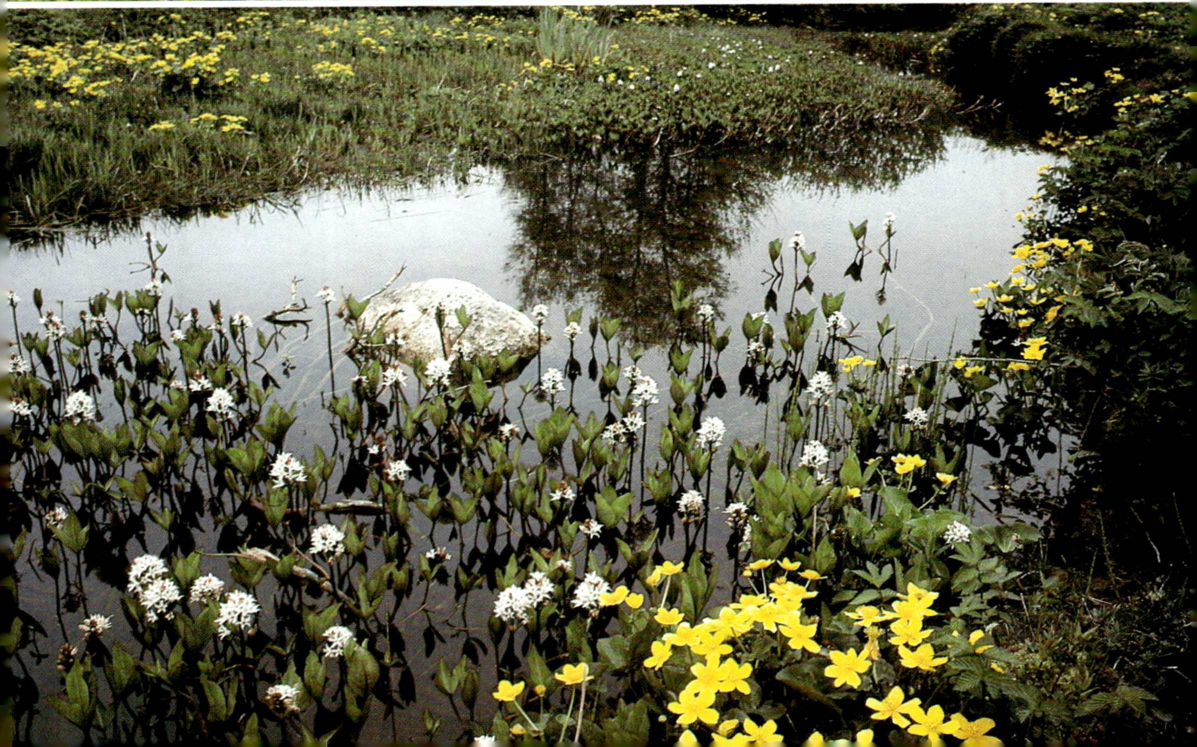

Wasserfenchel

Oenanthe aquatica

Bis zu Meterhöhe erhebt sich die sparrige, verästelte Gestalt des Wasserfenchels über dem Wasserspiegel und zeigt fein gefiederte, große Blätter; die untergetauchten Blätter sind hingegen dünne, fadenartige Zipfel. Der Wasserfenchel ist gewöhnlich zweijährig, kann aber auch länger ausdauern. Seine Früchte enthalten ein giftiges ätherisches Öl, wurden aber früher in der Volksmedizin bei Krankheiten der Atemwege und bei Lungentuberkulose verwendet.

Wasserfenchel, Blütenstand und Wurzel (Längsschnitt)

◁ Oben: Pfeilkraut *(Sagittaria sagittifolia)*; Blut-Weiderich *(Lythrum salicaria)*; Radblättrige Seekanne *(Nymphoides peltata)*.
Mitte: Klatsch-Mohn *(Papaver rhoeas)*; Wilde Karde *(Dipsacus sylvestris)*; Feld-Rittersporn *(Consolida regalis)*.
Unten: Wiesen-Knäuelgras *(Dactylis glomerata)*; Acker-Witwenblume *(Knautia arvensis)*; Gemeiner Frauenmantel *(Alchemilla vulgaris)*.

Wasserlinsengewächse

Lemnaceae

Die Wasserlinsen sind winzige Schwimmpflanzen, die sich nur vegetativ vermehren und auf diese Weise binnen sehr kurzer Zeit große Wasserflächen dicht überziehen können. Am häufigsten ist die Kleine Wasserlinse *(Lemna minor)* mit rundlichen Gliedern (die Sproß und Blatt in einem sind). Etwas seltener ist die untergetauchte Dreifurchige Wasserlinse *(Lemna trisulca)*, deren dunkelgrüne lanzettliche Glieder gestielt sind und über Kreuz zusammenhängen; ihre Bestände können zu großen Klumpen zusammengeballt sein. Beide Arten können gerade im kleinen Gartengewässer sehr lästig werden – es ist besser, sie gar nicht erst einzubringen. Überaus selten ist die Zwerglinse *(Wolffia arrhiza)*, die höchstens 1,5 mm groß ist und damit die kleinste Blütenpflanze überhaupt; allerdings blüht sie in Europa nicht, im Gegensatz zur Kleinen Wasserlinse, die damit die kleinste bei uns tatsächlich blühende Blütenpflanze ist.

*Wasserlinsen
links: Kleine Wasserlinse,
rechts unten: Dreifurchige Wasserlinse*

Steinbrech und Mauerraute –
Pflanzen der Felsspalten, Mauern und
Steinfluren

Nicht nur im Gebirge, sondern überall dort, wo es Steine in irgendeiner Form gibt, findet man extrem unwirtliche Standorte: meist trocken, fast oder ganz ohne Bodenauflage, nur hie und da durch Klüfte oder Fugen aufgelockert. Hier siedeln sich Pionierpflanzen an. Im Anfang sind das nur Flechten und Moose als Schrittmacher für jene Pflanzen, die ihre Wurzeln weit in schmale Spalten vortreiben können und genügsam in bezug auf Wasser und Nährstoffe sind. Im Laufe der Zeit wirken diese Pflanzen an der Verwitterung der Steine mit und helfen beim Aufbau einer Humusauflage – dann können die ersten Gehölzsämlinge Fuß fassen.

Man findet solche Standorte nicht nur auf den Geröllfluren der Gebirge, in den Spalten von Felsgestein, sondern auch im Flachland, etwa in Steinbrüchen, auf alten Mauern, in verfallenden Ruinen. Die Standorte unterscheiden sich nicht nur durch die beteiligten Gesteinsarten, sondern auch dadurch, daß die Besonnung und die Versorgung mit Wasser sehr ungleich sein können: Es gibt trockene Mauerfugen, andererseits ständig berieselte Felsbrocken; es gibt Spalten, die sich durch eingewehten Staub und neu gebildeten Humus immer mehr zu geschützten Taschen entwickeln, andererseits schnell austrocknende Schuttfluren, auf denen nur langsam pflanzliches Leben Wurzeln schlagen kann.

Im Garten wird oft der Fehler gemacht, daß man die an solche Standorte angepaßten Arten in normale Beete pflanzt und diese dann durch ein paar dekorativ verteilte Steine zu »Steingärten« erklärt. Es sind aber nicht die Steine *auf* der Erde, sondern die Steine *in* der Erde, die den Steingarten zum Steingarten machen. Solche naturnahen Standorte im Garten zu verwirklichen, ist um so einfacher, als es hier nicht auf eine Mindestgröße ankommt.

Schon eine kleine, aus Quadern oder Bruchsteinen aufgesetzte *Trockenmauer* bietet vielen Pflanzen der Felsspalten-Gesellschaften die ihnen zuträglichen Bedingungen: Licht und Wärme; schmale Fugen, in denen sie sich festhalten können; einen schnellen und zuverlässigen Wasserabzug, der die Pflanzen vor dem Verfaulen und vor der für sie tödlichen Winternässe bewahrt. Trockenmauern werden mit einer leichten, möglichst nach Süden gerichteten Neigung aufgebaut. Zwischen die Steine kommt jeweils eine dünne Schicht lehmiger Erde, vielleicht mit etwas Heu oder Stroh vermischt. Bei der Bepflanzung (die wir ja nicht immer gleich beim Aufbau Schicht für Schicht vornehmen können) müssen wir darauf achten, daß wir durch kleine Lehmklumpen den Pflanzen einen sicheren Halt geben, bis sich ihre Wurzeln ausgebildet haben; junge Pflanzen sind am ehesten imstande, sich zuverlässig zu verankern.

Freilich behält die Trockenmauer immer etwas Künstliches. Weit vielseitiger in bezug auf die Pflanzenarten und auch reizvoller in der ständigen Verwandlung des Vegetationsbildes ist der *Schuttberg,* bei dessen Anlage wir nur für eine Zeitlang unsere ästhetischen Bedenken (oder die der Nachbarn) hintan stellen müssen. Auch ein sehr kleiner Schuttberg (oder ein kleiner Wall) macht schon die Ansiedlung vieler hierher gehöriger Pflanzen möglich.

Wir wählen für den Schuttberg eine Stelle im Garten, die gut besonnt ist und die es erlaubt, dem Berg eine nach Süden gerichtete Neigung zu geben; an der niedrigsten Stelle sollte der Schutt mindestens einen halben Meter hoch liegen, damit der nährstoffreiche Gartenboden darunter für die Pflanzen schwer erreichbar bleibt.

Pflanzen der Felsspalten, Mauern und Steinfluren

Als Material ist jeder Steinschutt brauchbar, der von Fremdstoffen (Asphalt, Chemikalien) frei ist. Wenn es sich um Ziegel- oder Dachziegelschutt handelt, sollten wir reichlich Kalk in irgendeiner Form (Mörtel, Eierschalen oder einen Sack einfachen Hüttenkalk) beimischen. Am besten ist Bauschutt aller Art, der eine gute Mischung aus Ziegel, Mörtel und Zement darstellt.

Wichtig ist, daß die Oberfläche des Schutthanges nicht ganz flach verläuft, sondern durch größere Brocken und Bänke gegliedert ist. Vorsicht aber vor allzuviel »Planung« – lieber überlassen wir die Lagerung der Steine dem Zufall, als daß eine »Burg« den Garten ziert. In dem lose aufgeschütteten Haufen bilden sich schon nach den ersten Regenfällen verschiedenartige Kleinformen (Flächen, Taschen, Spalten in allen Richtungen). Sehr vorsichtig beginnen wir mit der Anpflanzung oder Aussaat geeigneter Arten und lassen zunächst reichliche Zwischenräume, um den Pflanzen die Möglichkeit zur Ausbreitung zu geben. Die meisten Sämlinge aus anderen Gartenbereichen haben hier nur wenig Chancen. Viele Arten des Kalktrockenrasens (→ Seite 43) sind auch für den Schuttberg gut geeignet.

Auch auf *Flachdächern,* etwa denen von Garagen, können wir solche Geröllstandorte anlegen, wenn alle Fragen der Entwässerung und der Statik geklärt sind (dabei hat auch die Bauaufsicht ein Wort mitzureden!). Ein Flachdach auf diese Weise zu besiedeln, ist weit angemessener, als mit dem Aufwand von Pflanzkästen, Torf und automatischer Bewässerung einen Staudengarten aufs Dach hieven zu wollen. Flachdächer sind meist voll besonnt, und die Flora der Felsspalten und Geröllfelder vermag den extremen Beanspruchungen (Wind, Austrocknung) am ehesten standzuhalten.

Pflanzen der Felsspalten und Geröllfluren

Aurikel *Primula auricula*
Zwerg-Glockenblume *Campanula cochleariifolia*
Dach-Hauswurz *Sempervivum tectorum*
Immergrünes Hungerblümchen *Draba aizoides*
Gelber Lerchensporn *Corydalis lutea* ✚
Scharfer Mauerpfeffer *Sedum acre*
Mauerraute *Asplenium ruta-muraria*
Milzfarn *Ceterach officinarum*
Achtblättrige Silberwurz *Dryas octopetala*
Rispen-Steinbrech *Saxifraga paniculata*
Mauer-Zimbelkraut *Cymbalaria muralis*

Milzfarn, links: ein einzelner Wedel

Milzfarn
Ceterach officinarum

Auf trockenen Felsen und Mauern lebt dieser kleine Farn, dessen rundlich gefiederte Wedel sich bei Trockenheit einrollen und der Pflanze damit das Überleben selbst extremer Dürreperioden ermöglichen. An der Unterseite sind die Wedel mit Spreuschuppen besetzt, die die sonst bei Farnen offenliegenden Sporenkapseln verdecken. Der Milzfarn gehört zu den ganz wenigen Farn-Arten, die kalkliebend sind. Man kann ihn also in der Fuge eines Kalksteines ansiedeln, muß diese jedoch zuvor mit humoser Erde füllen und vor allem für einen zuverlässigen Wasserabzug sorgen.

»Ruderalpflanzen« der gestörten Böden

Herzgespann und Ochsenzunge – »Ruderalpflanzen« der gestörten Böden

Wo der Mensch den Boden bearbeitet, befährt, umschichtet, bloßlegt, verdichtet, abräumt oder auf andere Weise verändert, da weicht die ursprüngliche Vegetation anderen Pflanzengesellschaften von jeweils charakteristischer Zusammensetzung, die den neuen Verhältnissen gewachsen sind. Viele der hier anzutreffenden Arten sind »Neophyten«, das heißt, sie sind (zum Beispiel auf Handelswegen) aus anderen Ländern eingewandert oder eingeschleppt worden; inzwischen zählen sie als »Dauergäste« zur einheimischen Flora.

Die Pflanzensoziologie hat auch diese Gesellschaften genau analysiert und hat festgestellt, daß ihre Zusammensetzung und ihr Auftauchen an bestimmten Stellen eine gewisse Regelhaftigkeit zeigt. Es gibt eine große Zahl von genau definierten Vegetationsverbänden mit jeweils verschiedenen Charakterarten und mit bestimmten Ansprüchen an die Umweltfaktoren.

Gerade unter den Ruderalpflanzen, den Arten der gestörten Böden, gibt es viele, die nur dann gedeihen können, wenn diese Umweltansprüche ziemlich genau erfüllt sind; ihre Toleranz gegenüber Veränderungen etwa des Stickstoffangebots oder der Feuchtigkeit ist gering. Das bedeutet, daß diese Arten dem Landwirt, dem Gärtner oder dem Botaniker als »Zeigerpflanzen« dienen können, deren spontanes Auftreten oder massenhaftes Gedeihen bestimmte Bodenverhältnisse anzeigt. Es ist im Rahmen dieses Büchleins nicht möglich, auch nur andeutungsweise auf die pflanzensoziologische Unterscheidung der verschiedenen Gruppen von Ruderalpflanzen einzugehen. Wir wollen daher – ohne wissenschaftliche Präzision – nur drei große Gruppen herausstellen:

● die Arten der stickstoffreichen frischen bis feuchten Böden,
● die Arten der nährstoffärmeren trockenen Böden,
● die Arten der nährstoffreicheren trockenen Böden.

Die Stickstoff und meist auch Feuchtigkeit liebenden Arten der Ruderalflora findet man in Siedlungsnähe: auf Schuttplätzen, Wegböschungen, bei Abwassergräben, Dunghaufen oder Viehtränken. Oft ist der Boden hier tiefgründig mit Stickstoff angereichert.

Man muß nun freilich keine Güllegrube anlegen, wenn man einzelne dieser Arten im Garten hegen will: In der Nähe des Komposthaufens ergibt sich oft eine dafür geeignete Situation, vor allem dann, wenn der Untergrund lehmig ist, wenn also das Sickerwasser des Komposthaufens oberirdisch verrinnt und nicht sofort abzieht. An einem hinreichend feuchten Platz genügen auch gelegentliche Dunggüsse (mit Wasser angesetzter Rinderdung, der ein paar Tage gestanden hat), um den Stickstoffbedarf dieser Pflanzen zu decken.

Es sind schöne und eigenartige Pflanzen darunter; manche von ihnen zeigen in ihrem äußeren Erscheinungsbild etwas von der dumpf-feuchten Atmosphäre, in der sie mastig heranwachsen. Wer solche Pflanzen etwa mit den lichten Gestalten der Arten des Kalktrockenrasens vergleicht, der wird einen Sinn für verborgene Zusammenhänge zwischen Lebensraum und Lebensform entwickeln.

Für den Wildpflanzen-Gärtner haben diese Pflanzen auch den Vorteil, daß er sie fast alle unbedenklich vom Standort entnehmen kann.

»Ruderalpflanzen« der gestörten Böden

**Stickstoff und Feuchtigkeit liebende
Ruderalpflanzen**

Stumpfblättriger Ampfer *Rumex obtusifolius*
Gemeiner Beifuß *Artemisia vulgaris*
Große Brennessel *Urtica dioica*
Erzengelwurz *Angelica archangelica*
Kanadische Goldrute *Solidago canadensis*
Guter Heinrich *Chenopodium bonus-henricus*
Echtes Herzgespann *Leonurus cardiaca*
Huflattich *Tussilago farfara*
Knolliger Kälberkropf *Chaerophyllum
bulbosum*
Behaarte Karde *Dipsacus pilosus*
Große Klette *Arctium lappa*
Knoblauchhederich *Alliaria petiolata*
Klebriges Labkraut *Galium aparine*
Weg-Malve *Malva neglecta*
Liegendes Mastkraut *Sagina procumbens*
Gemeine Melde *Atriplex patula*
Rainfarn *Tanacetum vulgare*
Gemeiner Rainkohl *Lapsana communis*
Behaartes Schaumkraut *Cardamine hirsuta*
Schöllkraut *Chelidonium majus* ✚
Schwarznessel *Ballota nigra*
Kleinblütiges Springkraut *Impatiens
parviflora*
Weiße Taubnessel *Lamium album*
Breit-Wegerich *Plantago major*
Rotbeerige Zaunrübe *Bryonia dioica* ✚

Die Ruderalpflanzen der nährstoffärmeren
Rohböden sind meist kalk- und wärmeliebend
und vertragen auch Trockenheit. Man findet
sie auf kalkreichen Schuttplätzen, auf Wegen
und an Wegrändern, wo der Boden stark verdichtet ist. Viele dieser Arten vertragen sogar
ständiges Betreten und Befahren – einige bilden dann überhaupt erst ihre charakteristische
Gestalt aus und degenerieren im lockeren
Gartenboden. Einige Arten kommen sogar in
den Fugen von Straßenpflaster oder Wegplat-
ten vor.
Im Garten kann man für sie eine dem Trok-
kenrasen ähnliche Situation schaffen, also einen neutralen oder kalkhaltigen Boden, der
aber im Unterschied zum Trockenrasen keinen
durchlässigen Untergrund braucht, sondern
stark verdichtet sein darf und womöglich
durch ständiges Begehen beansprucht wird.
Auch Wegränder kann man mit solchen Arten
bepflanzen oder von selbst besiedeln lassen.
Man muß allerdings darauf achten, daß nicht
eine allmähliche Verbesserung der Bodenverhältnisse eintritt.
Das größte Problem für die Ansiedlung dieser
Arten im Garten besteht darin, daß sehr viele
von ihnen einjährig sind. Nur wenn die Samen dieser Pflanzen wiederum auf offenen
Boden fallen und bei der Keimung nicht
durch ausdauernde Pflanzen behindert sind,
bleiben die Gesellschaften einigermaßen be-
ständig. Meist werden sie mit der Zeit von
ausdauernden Pflanzen verdrängt, die sich die
vorangegangene Pionierarbeit der Bodenlok-
kerung und Humusbildung zunutze machen.
Hier kommt es also besonders darauf an, daß
wir von den Arten, die wir auf keinen Fall
verlieren wollen, rechtzeitig Samen sammeln
und im Freiland auf gelockertem Rohboden
oder auch in Topfkultur keimen lassen.
Die meisten Gehwege sind heute befestigt,
und die Zäune sind von der Gehwegkante
eine Handbreit oder mehr zurückgesetzt. Viel
Mühe wird darauf verwandt, diesen Streifen
»unkrautfrei« zu halten. Weniger mühsam
wäre es, hier Ruderalpflanzen wachsen zu lassen oder anzusiedeln. Manche Arten, die man
dort ausbringt, mögen von selbst wieder verschwinden, andere entwickeln sich um so besser und können auch dem ordnungsliebenden
Passanten vielleicht den Eindruck vermitteln,
daß hier nicht mangelnde Sorgfalt herrscht,
daß vielmehr die Absicht am Werk war, den
anderwärts vertriebenen Arten ein kleines
schmales, niemanden ernstlich störendes Refugium zu geben.

»Ruderalpflanzen« der gestörten Böden

Ruderalpflanzen der trockenen nährstoffarmen Böden

Echtes Hirtentäschel *Capsella bursa-pastoris*
Färber-Hundskamille *Anthemis tinctoria*
Gemeines Leinkraut *Linaria vulgaris*
Gemeine Nachtkerze *Oenothera biennis*
Gemeiner Natterkopf *Echium vulgare*
Gemeine Ochsenzunge *Anchusa officinalis*
Pastinak *Pastinaca sativa*
Färber-Wau *Reseda luteola*
Acker-Winde *Convolvulus arvensis*

Für die Gruppe der Ruderalpflanzen, die einen trockenen, aber nährstoffreichen Boden lieben, gilt – bis auf den Punkt des Nährstoffangebots – das gleiche, was für die Ruderalpflanzen trockener armer Böden gesagt wurde.

Ruderalpflanzen der trockenen nährstoffreichen Böden

Schwarzes Bilsenkraut *Hyoscyamus niger* ✚
Echtes Eisenkraut *Verbena officinalis*
Gewöhnliche Eselsdistel *Onopordum acanthium*
Gemeine Gänsedistel *Sonchus oleraceus*
Gemeine Hundszunge *Cynoglossum officinale*
Weg-Rauke *Sisymbrium officinale*
Weißer Steinklee *Melilotus albus*
Vogelmiere *Stellaria media*
Wermut *Artemisia absinthium*

Knoblauchhederich
Alliaria petiolata

Wie der Name sagt, riecht der Knoblauchhederich nach Knoblauch – und kann auch als Brotbelag gegessen werden. Er liebt nährstoffreichen frischen Boden und Halbschatten und ist »einjährig-winterannuell«: Noch im Jahr der Samenreife keimt er und bildet eine Grundblattrosette aus, mit der er über den Winter geht; sehr früh im Frühjahr wächst daraus der Sproß – und wächst noch weiter, während er unten bereits zu blühen begonnen hat. Durch den Gehalt an Senföl und anderen Stoffen wirken die frischen Blätter leicht keimtötend und wurden deshalb in der Volksmedizin bei Husten und bei eiternden Wunden verwendet, außerdem als Wurmmittel.

Knoblauchhederich,
Blütenstand und Samenschoten

Weißer Steinklee
Melilotus albus

Wie der eng verwandte Echte Steinklee
(*M.officinalis*) ist der Weiße Steinklee schon
sehr früh als Nutzpflanze aus dem Mittelmeer-
raum eingeführt worden. Beide dienten als
Bienenweide und spielten auch eine Rolle in

*Weißer Steinklee,
Blütenstand*

der Volksmedizin; sie enthalten Cumarin, das
beim Trocknen frei wird und einen intensiven
Geruch nach Waldmeister verursacht. Durch
den Cumaringehalt bildete der Steinklee eine
Gefahr für das Vieh; gerät er nämlich ins
Heu, dann entsteht aus dem Cumarin ein
Stoff, der die Blutgerinnung hemmt, so daß
Tiere, die von dem Heu fressen, schon aus
kleinen Wunden verbluten können. In der
Pharmazie nutzt man diese Wirkung des Stein-
klees zur Behandlung von Venenschäden und
zur Vorbeugung gegen Thrombosen.

Breit-Wegerich
Plantago major

Ordentliche Gärtner stechen ihn aus, der
Wildpflanzengärtner erfreut sich an der präch-
tigen Rosette aus breit-eiförmigen Blättern
mit stark hervortretenden Nerven. Auf sehr
stickstoffreichen Böden kann der Breit-Wegerich zu imposanter Größe heranwachsen, die
aufrechte Ähre wird dann bis zu 60 Zentime-
ter hoch.

Die jungen Blätter können feingewiegt als Salat gegessen werden. Getrocknet wurden sie
(wie die Blätter des Spitz-Wegerich, *P. lance-
olata*) in der Volksheilkunde für Hustentees
genutzt.

Zu der derben Blattrosette, die jedem Tritt
standhält, bildet die schmale, hohe Ähre einen auffälligen Gegensatz; irdisch-kräftig ist
der vegetative Teil der Pflanze, die starke
Nervatur läßt sogar an animalische Kräfte
denken – und daraus erhebt sich eine eher
zarte, heitere Ähre, deren Blüten sowohl vom
Wind als auch von Insekten bestäubt werden:
Über aller gärtnerischen und botanischen Bemühung sollten wir nicht vergessen, uns in der
Anschauung der Gestalten und ihrer Eigenar-
ten zu üben, das jeweils Besondere zu erkennen, uns einzufühlen in Naturwesen, die anders sind als wir – aber nicht *ganz* anders.

Breit-Wegerich

Klatsch-Mohn und Erdrauch –
Begleitflora der Ackerböden

Auch die Ackerböden sind »gestörte« Böden: Sie werden alljährlich neu umbrochen und mit Nutzpflanzen eingesät. Was sich an unerwünschten Begleitpflanzen einstellt, nennt man »Segetalflora«, und man unterscheidet dabei wiederum die Unkräuter der Hackfruchtäcker und die der Getreideäcker – abgesehen von Spezialkulturen wie Wein oder Lein, die gleichfalls ihre charakteristischen Begleitpflanzen haben.

Freilich kann die Einteilung und die Zuordnung der einzelnen Arten nur grob und provisorisch sein: Es gibt viele Ackerunkräuter, die auch als Ruderalpflanzen außerhalb der Äcker vorkommen – und umgekehrt. Auch Getreide- und Hackfruchtunkräuter sind nicht so streng geschieden, wie es nach unserer Liste der Fall zu sein scheint: Vielen Hackfruchtunkräutern kann man auf Getreidefeldern begegnen – soweit ihnen die Saatgutreinigung nicht den Garaus gemacht hat –, vielen Getreidebegleitern auch auf Hackfruchtäckern. Auch die Unkräuter sind oft als »Menschenfolger« mit Saatgut von weither ins Land gekommen. Sie sind nur dort lebensfähig, wo das Land immer wieder bloßgelegt wird. Viele sind einjährig und lassen sich um so eher durch chemische und mechanische Mittel beseitigen. Tatsächlich sind in den letzten Jahrzehnten viele Ackerunkräuter verschwunden; sie gehören heute zu den botanischen Seltenheiten und stehen auf der Roten Liste der ausgestorbenen oder gefährdeten Pflanzen. Untersuchungen und Beobachtungen über die gegenseitige Beeinflussung von Pflanzen haben gezeigt, daß die Ackerunkräuter keineswegs immer schädliche (nämlich ertragsmindernde) Begleitpflanzen sein müssen, sondern für die Gesundheit des Bodens und die Entwicklung der Nutzpflanzen durchaus von Vorteil sein können; sie helfen mit, in der »Monokultur« eines Nutzpflanzenackers die Bodenstruktur und die Vielfalt des Bodenlebens zu erhalten.

Das ist einer der Gründe dafür, daß heute das Wort »Unkraut« gern in Anführungszeichen gesetzt wird oder ganz verpönt ist. Man sollte aber das Kind nicht mit dem Bade ausschütten und ruhig einräumen, daß es, im Garten und auf dem Feld, wirklich »Unkräuter« gibt, die diesen Namen verdienen, weil sie ungemein lästig und für andere Pflanzen als Konkurrenten lebensgefährlich werden können.

In manchen Gartenbüchern liest man den gutgemeinten Hinweis, die »Unkräuter« seien »Zeigerpflanzen« für bestimmte Bodenverhältnisse und man könne sich leicht von ihnen befreien, indem man die Bodenverhältnisse entsprechend verändert. Das erste trifft im allgemeinen zu, das zweite ist in den meisten Fällen reine Theorie, vor allem für den Wildpflanzengärtner – denn meist ist es ja so, daß man genau die Bodenverhältnisse, die das Unkraut durch sein Gedeihen anzeigt, haben will, zum Beispiel einen sauren, staunassen Boden oder einen Boden mit hohem Kalkgehalt.

Wir sollten also die Unkräuter, die sich in unserem Garten von selbst einfinden, sehr sorgfältig bestimmen und uns dann gut überlegen, ob wir sie als »Begleitpflanzen« dulden und damit eventuell ihre weitere Ausbreitung im Garten zulassen wollen. Und ebenso sorgfältig sollten wir erwägen, welche der Unkräuter, die wir draußen auf den Äckern finden, in den Garten geholt werden können, ohne daß sie in den folgenden Jahren zur verwünschten Plage werden. Wer einmal drei Jahre lang mit der Wurzelbrut des Kleinen Sauer-Ampfers gekämpft hat, wird Vorsicht walten lassen (und wird auch das Wort »Unkraut« nicht mehr so falsch finden).

Begleitflora der Ackerböden

Die Ackerunkräuter, meist Einjährige, lassen sich nur erhalten, wenn man sie jedes Jahr in offenen Boden neu aussät oder ihnen eine hinreichend große, von anderen Pflanzen freie Fläche bieten kann, in der sie sich frei versamen und größere Bestände bilden. In einigen Freilichtmuseen, die sich mit der Pflege traditioneller Ackerbau-Methoden befassen, werden auch die zugehörigen Ackerunkräuter wie in früheren Zeiten mit ausgesät. Im Garten kann man zwar ein »Feld« dafür reservieren und entsprechend bearbeiten, aber man muß dann auf der Hut sein, damit nicht aus anderen Gartenteilen Samen anfliegen und die Unkrautgesellschaft bald verdrängen. Die »Hege« von Unkräutern bleibt etwas Künstliches – abgesehen von den Arten, die sich zwischen Gartenstauden ansiedeln und die man gewähren läßt.

Begleitpflanzen der Hackfruchtäcker
Knäuelblütiger Ampfer *Rumex conglomeratus*
Einjähriges Bingelkraut *Mercurialis annua*
Persischer Ehrenpreis *Veronica persica*
Gebräuchlicher Erdrauch *Fumaria officinalis*
Bleifarbiger Fuchsschwanz *Amaranthus lividus*
Weißer Gänsefuß *Chenopodium album*
Hühnerhirse *Echinocloa crus-galli*
Winden-Knöterich *Polygonum convolvulus*
Kleinblütiges Knopfkraut *Galinsoga parviflora*
Gemeines Kreuzkraut *Senecio vulgaris*
Schwarzer Nachtschatten *Solanum nigrum* ✚
Acker-Senf *Sinapis arvensis*
Einjähriger Ziest *Stachys annuus*

Gebräuchlicher Erdrauch
Fumaria officinalis
Eines der zartesten und schönsten aller »Unkräuter«, aus der Familie der Mohngewächse *(Papaveraceae)*. In der Volksheilkunde war ein Tee aus Erdrauch als Blutreinigungsmittel gebräuchlich, doch ist der wirksame Inhaltsstoff Fumarin in größeren Dosen nicht ungefährlich; er wird heute in Fertigarzneimitteln bei

Gebräuchlicher Erdrauch

Erkrankungen der Gallenblase angewendet. Der Erdrauch ist einjährig und kann mit seinem durchsichtigen Gespinst dünner Sprosse kaum einer anderen Pflanze gefährlich werden; man sollte ihn deshalb möglichst unangetastet lassen und ihm die Selbstaussaat ermöglichen.

Begleitflora der Ackerböden

Begleitpflanzen der Getreideäcker
Acker-Gauchheil *Anagallis arvensis*
Echte Kamille *Matricaria chamomilla*
Vogel-Knöterich *Polygonum aviculare*
Kornblume *Centaurea cyanus*
Kornrade *Agrostemma githago* ✚
Acker-Löwenmaul *Antirrhinum orontium*
Klatsch-Mohn *Papaver rhoeas* ✚
Knollige Platterbse *Lathyrus tuberosus*
Feld-Rittersporn *Consolida regalis*
Acker-Spark *Spergula arvensis*
Acker-Stiefmütterchen *Viola arvensis*
Acker-Täschelkraut *Thlaspi arvense*
Acker-Vergißmeinnicht *Myosotis arvensis*
Windhalm *Apera spica-venti*

Klatsch-Mohn
Papaver rhoeas
Aus den Getreidefeldern ist der Klatsch-Mohn so gut wie verschwunden, doch taucht er immer wieder einmal an Wegrändern oder auf Ödflächen auf. Er ist einjährig; wer ihn in den Garten holen will, muß also Samen sammeln und diesen im Herbst oder im frühen Frühjahr an einer voll besonnten Stelle auf nährstoffreichem, lehmig-sandigem Boden ausbringen. Wie bei den meisten Ackerunkräutern, die aus wärmeren Gegenden eingeschleppt worden sind, kommt es auch beim Klatsch-Mohn darauf an, einen offenen, von Konkurrenten freien Boden zu bereiten. In der Volksmedizin hat man die Blütenblätter des Klatsch-Mohns für Hustentee und die Sa-

Klatsch-Mohn, Blüte und Stengelabschnitt

men als Beruhigungsmittel für Kinder verwendet – doch gilt beides heute als wirkungslos. Es gibt oder gab noch drei weitere *Papaver*-Arten als Getreideunkräuter, von denen zumindest der Saat-Mohn *(Papaver dubium)* auch heute noch anzutreffen ist. Nicht jeder »Klatschmohn« muß also ein Klatsch-Mohn sein.

Was wir nicht tun sollten

Ein Nachwort zur Warnung

Keineswegs alle Wildpflanzen lassen sich ohne weiteres im Garten hegen – und bei manchen ist es so schwierig (und für die wertvollen Pflanzen so riskant), daß zumindest der Anfänger es gar nicht erst versuchen sollte.

Von jeher haben sich die **Orchideen** besonderer Wertschätzung und Aufmerksamkeit erfreut, und dies hat auch mit zu ihrer Ausrottung beigetragen. Es mag sein, daß das Interesse an den einheimischen Orchideen mit ihrer Seltenheit zusammenhängt, vielleicht auch mit ihrer Verwandtschaft zu den (weit prächtigeren) Orchideen der tropischen Länder, vielleicht auch einfach mit dem Ehrgeiz, eine schwierige Pflanzengruppe zu kultivieren. Tatsächlich lassen sich manche unserer Orchideen auch im Garten hegen – doch gehört dazu unendlich viel Geduld und Erfahrung, die mit viel Lehrgeld bezahlt werden muß, und »Lehrgeld« heißt hier: viele verlorene Pflanzen. Es wäre aber ein wirklicher Frevel, wenn die letzten Bestände unserer Orchideen egoistischen Sammlern zum Opfer fielen; selbst wenn die Kultur gelingen sollte, gehen die Pflanzen eines Tages durch Umzug oder Tod des Gärtners unwiederbringlich verloren. Wer Wildpflanzen im Garten haben will, dem bieten sich so unendlich viele Möglichkeiten, schöne und eigenartige Pflanzenwesen zu hegen, daß er leicht darauf verzichten kann, aus einer Art von Wichtigtuerei (sich selber oder anderen gegenüber) ausgerechnet Orchideen zu kultivieren. Auch der leidenschaftlichste Pflanzensammler sollte sich strikt verbieten, an der Ausrottung dieser Pflanzengruppe mitzuwirken.

Ähnliches gilt auch für den **Sonnentau** (*Drosera*) und das **Fettkraut** (*Pinguicula*), beides insektenfangende Pflanzen von besonderer Schönheit – aber nur unter großen Schwierigkeiten im Garten zu kultivieren. Auch diese Arten sind in der Natur schwer gefährdet.

Zu den gefährdeten und im Garten nur mit besonderem Sachverstand zu haltenden Pflanzengruppen gehören ferner die **Bärlappe** (die im Wald scheinbar anspruchslos gedeihen, im Garten aber sogleich sterben) und die **Watt- und Salzwasserpflanzen,** die man so gern vom Urlaub an der See mit nach Hause bringen würde.

Problematisch sind schließlich die **Schmarotzer- und Halbschmarotzerpflanzen,** jene Pflanzen also, die ganz oder zum Teil vom Saftstrom der Wirtspflanze leben, auf der sie parasitieren (Klappertopf, Augentrost, Fichtenspargel, Wachtelweizen und andere). Man kann sie nicht umpflanzen, und die Anzucht aus dem Samen, soweit sie überhaupt möglich ist, bedarf eines laboratoriumsmäßigen Aufwandes und sehr großer Sorgfalt. Zwei Ausnahmen gibt es: die Nessel-Seide (*Cuscuta europaea*) und die Mistel (*Viscum album*). Die Nessel-Seide hat keine Blätter, sondern nur Stengel und Blüten und lebt als Parasit auf Hopfen, Brennesseln und Korbblütlern. Wenn man ihr zum Beispiel in einem Ufergebüsch begegnet, dann kann man nach der Samenreife im September einige der Samenkapseln abstreifen und am Boden zwischen Brennesseln oder Herbstastern ausbringen – es kann sein, daß der Versuch gelingt. Von der »Aussaat« der Mistel ist im Pflanzenporträt auf Seite 68 die Rede.

Was wir nicht tun sollten

Ganz allgemein kann man sagen, daß es weit befriedigender ist, wenn man mit weniger problematischen Wildpflanzen Erfolg hat und sich an ihrem Gedeihen freut, als wenn es unter großen Mühen gelingt, die eine oder andere kümmerliche Orchidee, den einen oder anderen unglücklichen Sonnentau durchzubringen. Unsere Freude an den Wildpflanzen im Garten ist nur dann vollkommen, wenn wir den Pflanzen ansehen können, daß sie sich als unsere Gäste wohlfühlen. Wildpflanzen im Garten bleiben immer Gäste – ihre Erhaltung kann schließlich nur gelingen, wenn auch außerhalb der Gärten die Verwüstung aufhört und der Denaturierung unserer Welt Einhalt geboten wird.

Mistel

Mistel
Viscum album

Die Mistel ist ein »Halbparasit«: Sie bezieht einen Teil ihrer Nährstoffe aus dem Saftstrom ihres Wirtsbaumes. Eine Unterart lebt nur auf Laubbäumen, zwei andere nur auf Tannen beziehungsweise Kiefern. Die in Blumengeschäften zur Weihnachtszeit angebotenen Mistelzweige stammen meist von der Laubholz-Mistel. In den weißen, von klebrigem Schleim erfüllten Beeren liegen die Früchte. Von solchen Zweigen oder auch von einem Mistelstrauch im Freiland kann man Beeren nehmen und an einem einjährigen Zweig eines Laubbaumes (zum Beispiel Apfel oder Weide, nicht jedoch Buche) ausdrücken. Der Schleim bleibt mit dem »Samen«, der eigentlich schon ein fertiger Embryo ist, an der Rinde kleben und kann so den Rest des Winters überdauern. Vorsichtshalber sollte man freilich mehrere Beeren nehmen. Im nächsten Frühjahr wächst aus dem grünen »Samen« ein kleiner Saugfuß und heftet sich fest an die Rinde. Erst ein Jahr später entfalten sich die ersten zwei Keimblätter, und von da an wächst die Mistel in immer weiterer Verzweigung Jahr für Jahr etagenweise nach allen Seiten. Da die Mistel zweihäusig ist (männliche und weibliche Blüten auf getrennten Pflanzen), braucht man mehrere Pflanzen, wenn man nach einigen Jahren beerenbesetzte Zweige haben will.

Pflanzen- und Sachregister

Die **halbfett** gesetzten Seitenzahlen verweisen auf Farbfotos. U = Umschlagseite.

Pflanzen- und Sachregister

Register/Bezugsquellen/Bücher

Bezugsquellen für Wildpflanzen

Samen
Dieter Köhler, Leonhardistraße 28, 8201 Biberg
L. C. Nungesser, Postfach 110846, 6100 Darmstadt

Pflanzen
Dr. Hans Simon, 8772 Marktheidenfeld
F. Sündermann, 8990 Lindau
N. R. Klever, Waldweg, 5377 Frauenkron

Samen und Pflanzen
Heinrich Bornträger, 6521 Offstein
Kayser & Seibert, Postfach 28, 6101 Roßdorf
Wolfhart Lau, Lindenweg 17, 7881 Großherrischwand

Sumpf- und Wasserpflanzen
Eduard Oldehoff, Sieglmühle 2, 8395 Hauzenberg/Krinning

Tauschanzeigen werden veröffentlicht in den Zeitschriften: *gartenpraxis*; Verlag Eugen Ulmer, Stuttgart. *Mein schöner Garten*; Burda Verlag, Offenburg.

Bücher, die weiterhelfen
Von den Bildbestimmungsbüchern seien mit Vorbehalt (siehe dazu Seite 12) nur die folgenden genannt:
Roger Phillips, *Das Kosmosbuch der Wildpflanzen;*
Roger Phillips, *Das Kosmosbuch der Gräser, Farne, Moose, Flechten;* Franckh'sche Verlagshandlung, Stuttgart.

Vollständige Florenwerke mit Bestimmungstabellen (siehe dazu Seite 13):
August Garcke, *Illustrierte Flora. Deutschland und angren-zende Gebiete;* Verlag Paul Parey, Berlin und Hamburg.
Schmeil/Fitschen, *Flora von Deutschland und seinen an-grenzenden Gebieten;* Verlag Quelle & Meyer, Heidelberg.

Eine Einführung in die Praxis des Pflanzenbestimmens und zugleich ein als Hilfe für Anfänger trefflich geeignetes Bild-bestimmungsbuch ist:
Elsbeth Lange/Wolfgang Heinrich, *Wir bestimmen Pflanzen;* Aulis Verlag, Köln.

Ein Nachschlagewerk über die Bedürfnisse fast aller einhei-mischen Pflanzen (siehe dazu Seite 15) ist:
Heinz Ellenberg, *Zeigerwerte der Gefäßpflanzen Mitteleu-ropas;* Verlag Erich Goltze, Göttingen.

Pflanzen wirklich kennenzulernen heißt, über den Namen hinaus ihre anatomischen, physiologischen und ökologi-schen Besonderheiten zu beobachten; worauf es dabei an-kommt, lernt man am besten aus Beispielen. Eine Samm-lung von 275 solchen Pflanzenporträts ist:
Ruprecht Düll, *Botanisch-ökologisches Exkursionstaschen-buch wichtiger heimischer Pflanzen;* Walter Braun Verlag, Duisburg.

Eine wissenschaftliche Darstellung der Pflanzensoziologie (siehe dazu Seite 25), nur für ernsthafte Interessenten mit botanischen Kenntnissen:
Heinz Ellenberg, *Vegetation Mitteleuropas mit den Alpen in ökologischer Sicht;* Verlag Eugen Ulmer, Stuttgart.

Über den Gefährdungsgrad der einzelnen Arten informiert: *Rote Liste der gefährdeten Tiere und Pflanzen in der Bun-desrepublik Deutschland;* Kilda Verlag, Greven.